体育教学与运动训练研究

李　鹤　胡晓燕　董安军　著

吉林摄影出版社
·长春·

图书在版编目（CIP）数据

体育教学与运动训练研究 / 李鹤，胡晓燕，董安军
著. -- 长春：吉林摄影出版社，2023.10
ISBN 978-7-5498-6010-4

Ⅰ．①体… Ⅱ．①李… ②胡… ③董… Ⅲ．①体育教
学－教学研究②运动训练－研究 Ⅳ．①G807.01
②G808.1

中国国家版本馆CIP数据核字(2023)第195362号

体育教学与运动训练研究
TIYU JIAOXUE YU YUNDONG XUNLIAN YANJIU

著　者	李　鹤　胡晓燕　董安军
出 版 人	车　强
责任编辑	吴　晶
封面设计	文　亮
开　本	787 毫米 ×1092 毫米　1/16
字　数	200千字
印　张	9
版　次	2023年10月第1版
印　次	2023年10月第1次印刷

出　版	吉林摄影出版社
发　行	吉林摄影出版社
地　址	长春市净月高新技术开发区福祉大路 5788 号
	邮编：130118
网　址	www.jlsycbs.net
电　话	总编办：0431-81629821
	发行科：0431-81629829
印　刷	河北创联印刷有限公司

书　号　ISBN 978-7-5498-6010-4　　　　定　价：56.00元

前　言

我国提倡素质教育，学生良好的身体素质对于开展学习等其他各项活动都是十分重要的，而体育教育和体育教学与训练息息相关。为了让学生的身心得到健康全面的发展，体育教师就要在深刻了解体育教育重要意义的基础上，分析教学与训练的关系，科学设置体育教育课程，寻求教学与训练的平衡发展，促进学生的身心健康发展。

体育教学与体育训练虽然是不同的概念，但是二者有着千丝万缕的联系，是密不可分、相互促进的，它们统一于体育教育的全过程。体育教学是体育训练的基础保障，学生只有在掌握体育运动的基本技巧后，才能够进行有意识的体育训练，强化动作的规范性，提高动作的熟练性。体育运动训练主要是指在体育教练员的引导下来开发运动员的身体状态，提升其专项运动水平，力求获得优秀运动水平的一种专业组织的训练状态。体育教学是指根据新课程与体育教学大纲规定，由体育教师向学生传授体育相关的基础知识、基础技能，并且对学生进行品格塑造的教学过程。体育教师要根据国家统一制定的教学大纲与学校安排的教育计划来开展体育教学，指导学生进行身体锻炼，掌握基础体育知识与技能，通过体育锻炼养成良好的思想品德，形成健壮的体魄，推动学生的身心全面发展。

体育运动训练是一个需要长时间不断累积的过程，需要根据训练项目的特点来开展训练活动。相对于体育教学来说，体育运动训练的专业性更强，但是体育运动训练理论、训练方法与训练内容都可以给体育教学带来启示，对体育教学实现教学目标起到一定的积极作用。

目　录

第一章　学校体育概念

第一节　体育的组成

所谓概念，是指对某一事物属性的一种准确判断。那么什么是"体育"呢？19世纪60年代，由西方传入的"体育"（Physical Education），其意是指同维持和发展身体的各种活动有关联的一种教育过程。近几十年来，随着人类社会的不断进步和体育实践的日益丰富，当出现体育教育、竞技运动和身体锻炼三个既有区别又相互联系的内容，并逐渐形成与教育、文化相并列的新体系之后，原指体育教育的"体育"概念已不能涵盖具有相对独立体系的"竞技运动"和"身体锻炼"。根据我国体育发展的特点和规律，可以为"体育"下这样一个定义：体育是一种特殊的社会现象，是以发展身体、增强体质、增进健康为基本特征的教育过程和社会文化活动。它应包括体育教育、竞技运动和身体锻炼三方面的内容。体育既受一定的社会政治、经济的影响和制约，也为一定的社会政治、经济服务。同时必须指出，体育的概念并非一成不变的。随着社会的不断发展，人们对体育的认识还会进一步加深。

体育从产生、发展到现在，都是随着社会生产力的发展而发展的，都带有明显的时代特征，受一定社会政治、经济的制约，也为一定的社会政治、经济服务。现代体育由学校体育、竞技体育、群众体育三部分组成。

一、学校体育

学校体育是学校教育的重要组成部分，是全民体育的基础。它是按不同教育阶段和年龄特征，通过体育课程、课余体育训练及课外体育活动三种基本形式，围绕"增强体质"这个中心，全面实现学校体育的各项任务，使学生在德、智、体、美等方面得到发展。随着社会的不断发展，现代体育教育既重视增强体质的近期效益，又注重培养学生的体育意识，讲究体育锻炼的科学性，进行终身体育教育，为学生的终身体育打下良好的思想、技能和理论基础；学校体育还将为国家培养和输送竞技体育人才。

二、竞技体育

竞技体育是为了最大限度地发挥个人或集体的运动能力去争取优异成绩而进行的运动训练和竞赛。由于竞技体育的表演技艺高超、竞争性强，极易吸引广大观众，因此它富有感染力，又容易传播精神力量，在活跃社会文化生活、振奋民族精神、提高国际威望、促进友谊等方面都有着重要的意义。当前，随着竞技水平的不断提高，为了参加日趋激烈的赛场竞争，普遍采用先进的科学训练方法和手段，以探索人类运动的极限。

三、群众体育

群众体育也称大众体育或社会体育，是以健身、健美、娱乐、医疗为目的，内容丰富、形式多样化的体育活动。国内外经常提到的娱乐体育、休闲体育、养生体育等均可列入此范畴。现代社会的生产、工作和生活节奏加快，只有保持健康的身体和旺盛的精力，才能适应这种快节奏的生活。同时，现代科学技术既给人类带来了舒适和方便，也带来了许多不利因素，如环境污染、生态失去平衡、缺乏运动和营养过剩等。人们越来越认识到，只有科学地进行体育锻炼，才能保持和促进身体健康。因此，大众体育是现代社会的一种生活方式，也是提高生活质量必不可少的手段。

第二节　体育的功能

一、体育的健身功能

"强身健体"是体育的本质功能。体育以身体运动为基本表现形式，通过科学组合的身体锻炼给予各器官、系统以一定量和强度的刺激，促使身体在形态结构、生理机能等方面发生一系列适应性反应和趋优变化，从而增强体质、增进健康。

（一）体育对增进健康的作用

"身体健康"是指正常的生长发育、良好的生理功能、平衡的心理、充沛的精力及承担负荷后的适宜反应。那么怎样才能促进和保持身体健康呢？早在公元前 300 年，古希腊伟大的思想家亚里士多德"生命在于运动"的名言，就深刻寓意了运动对身体健康所起的重要作用。后来的医学关于"适者生存"、生理学关于"用进废退"的原理又证明，人的健康状态和工作效率，不仅取决于全身各器官、系统的功能和相互的协调，还有赖于使身体获得对自然和社会环境的适应能力。而这种能力的获得，除受制于不同的生活环境外，还在相当程度上与体育锻炼相关。实践证明，科学地从事体育锻炼，由于中枢神经和内分泌系统产生的良好刺激，对促进人体新陈代谢，改善血液循环和呼吸功能，延缓有机体适应能力的降低，推迟生物体各组织器官结构、功能发生退化性变化都有明显的效果。

通过各种体育锻炼，可以增强人的意志品质，催人奋发进取，培养集体观念，加强组织纪律性，协调人际关系，促进提高心理调节能力，有利于排除各种不健康的心理因素，使人体在与环境的和谐统一中变得欢乐、轻快和活泼，最终达到精神健康的目的。

（二）体育对增强体质的作用

在现实生活中，带有不健康因素的人总是属于大多数。据医学统计，世界上有 50% ~ 70% 的人都有身体不健康的表现，如果再进行更精细的检查，这种表现就会更多。但为何这些不健康因素往往不被人所察觉呢？其实这正是体质对健康的弥补作用。体质作为健康的物质基础，既然意义如此重要，那么体育对增强体质的作用又如何呢？实践证明，科学的体育锻炼在改造人体器官、系统方面所起的作用，不仅有利于骨骼、肌肉的生长，促使身体形态与内脏器官正常发育，还能提高人体对外界的适应能力，改善血液循环、呼吸、消化等系统的机能状况，使人的"防卫体力"得到提高。另外，系统地进行体育锻炼对力量、耐力、灵敏、柔韧等素质的提高有十分明显的功效。这表明，当"防卫体力"和"行动体力"得到同步发展时，人体就能充分发挥潜在的运动功能，改善对环境的适应能力，最终达到增强体质的目的。

二、体育的教育功能

教育功能是体育最基本的社会功能，就其作用的广泛性而言，它对人类社会产生的影响，是体育的其他社会功能所无可比拟的。

（一）体育在学校中的教育作用

马克思主义关于教育的经典论述，从来都把体育视为学校教育不可缺少的组成部分，并始终重视它在这个特定领域里对培养全面发展的人才所起的重要作用。因此，利用身心共同参与体育过程的有利条件，培养学生将来担任社会角色所必备的素养，以适应未来社会生活和工作的需要，是体育在学校发挥教育作用的主要使命。为达到此目的，学校通过完整的体育教育过程，使受教育者获得基本的体育理论知识，掌握必要的运动技能，学会科学锻炼身体的方法，提高运动实践能力，养成锻炼身体的好习惯。

（二）体育在社会中的教育作用

就社会的教育意义而言，由于体育所独具的活动性、技艺性、竞争性、群聚性、国际性和礼仪性等特点，它作为一种传播体育价值观的理想载体，在激发爱国热情、振奋民族精神及培养社会公德、教育人们要与社会保持一致性等方面，具有极大的社会教育功效。大家都有这样的体会，当置身于社会群体之中时，因为竞赛的礼仪形式、激烈的竞争气氛、高超的表演技巧和比赛的胜负结果等因素，在同伴与同伴之间、同伴与对手之间、观众与运动员之间产生极其复杂的感情交流，并激起人们的荣誉感、责任心、集体观念、民主意识和奋发向上的进取精神。这种通过体育实践诱发的社会教育因素，使体育的社会影响变得更加深刻，并产生不可低估的社会教育作用。

三、体育的娱乐功能

"娱乐身心"是被挖掘和利用较早的体育社会功能。在体育初具规模的原始社会，原始人在狩猎之余用以宣泄情感而进行的游戏活动，虽缺乏明确的目标和稳定的运动方式，却已通过这种潜意识行为，反映出原始人对精神生活的需求。据《帝王世纪》记载，"击壤而歌"就是原始人在休息时群聚唱歌的一种游戏活动；《太平清话》中还记载了始于黄帝时代用于调节军士枯燥生活的蹴鞠活动。体育形成初期，亦即古代开展民族、民间体育阶段，许多供娱乐消遣的身体活动项目，常在节日庆典、宗教仪式和表演技艺中出现，对调节和丰富人民的生活起着至关重要的作用。

现代社会解放了劳动生产力，随着物质产品的不断丰富，闲暇时间增多，人们为享受生活，使体育的娱乐功能有了更广泛的发挥。比如，现代都市生活使人与大自然几乎隔绝，但参加户外体育活动，可以调节生活，使人享受返回大自然的乐趣；随着工作紧张和生活节奏的加快，体育锻炼有利于密切人际交往和享受集体聚会的乐趣；通过参与体育竞赛活动或从事一些惊险性体育项目，可以在向自然的挑战中，体验创造人生价值的乐趣；经常欣赏体育比赛和表演，可以从运动员的高超技艺中得到美的艺术享受。

第三节 高等学校体育的目的和任务

一、高等学校体育的目的

在现代教育和科学的框架上，高等学校体育应该有恰当的位置。它属于教育学和体育学下的一个学科层次，应该充分体现体育和教育的共同属性。一方面，高等学校体育是学校教育的重要组成部分，其目的应和学校教育的总目的相一致；另一方面，高等学校体育又是体育的一个重要方面，它又应该充分体现体育的属性，即要以运动和身体练习为基本手段，提高人的潜能，增强体质，促进身心健康。所以，综合来讲，高等学校体育的目的就是以运动和身体练习为基本手段，对大学生进行科学的培育，在提高人的生物潜能和心理潜能及社会适应潜能的过程中，增德、益智、促美，以达到全面发展的教育总目标。

二、高等学校体育的任务

高等学校体育的目的是通过完成以下五方面的任务来具体实现的：

（一）增强学生体质，促进学生的身心健康

增强体质是高等学校体育的首要任务。体质的增强，除了意味着骨骼、肌肉、

内脏各器官和系统的增强，更意味着大脑机能的改善。它具体表现为中枢神经系统对机体发展、发育和人体运动的控制力，神经系统各器官机能的支配力，大脑皮层对各器官活动的协调力等。个体生命的健康存在是保证人的全面发展的物质基础，而人的一切活动都是在大脑的指挥下实现的。人的一切正常活动都是大脑相应部位正常反应的结果，人的一切不正常活动都是大脑相应部位异常反应的结果，而人的大脑反应的病态和终止也就意味着人的个体行为的障碍和生命的结束。体质增强还包括大脑的灵活性和协调性。体育活动对大脑的锻炼有独到的作用，这一点在当今知识信息时代来临的背景下显得尤为重要。全面增强学生体质有赖于有目的、有组织的系统运动和练习。要在学生生长发育良好的前提下，实现体姿健美；在机体结构全面发展的基础上发展学生的"自稳态"；增强免疫力，促使学生精力充沛，生命力旺盛。

（二）促使学生努力掌握体育的基本知识、基本技术和基本技能

通过"三个基本"知识的学习，教会学生科学的身体锻炼方法，培养学生终身参加体育锻炼的兴趣、能力和习惯。这是在科学的指导下，学生掌握知识和技能、养成良好习惯以及发展智力的过程。引导学生正确地从事运动和身体锻炼，必须经过一个由感知到理解，再到巩固和应用的过程。在此过程中一个重要的转折点便是智力和体力的结合，它不仅表现在运动及身体锻炼中，而且表现在它们的结果上。高等学校体育应充分体现智力和体力的结合，以及理论知识和实践能力的科学结合。

（三）培养学生的道德意志品质

通过运动及身体锻炼对学生进行知、情、意、行的教育，最终提高学生的思想品德修养。在此过程中要特别注意培养学生参与和完成运动及身体锻炼的毅力。同时，学生的行为是受自身的理想、信念和情操所支配的，因此在高等学校体育教育过程中，应十分注重培养学生高尚的情操，通过发展精神品质来更有效地完成体育教育的任务。

（四）培养学生的审美和创造美的能力

体育与美，自古以来就紧紧相连。运动是力和智慧的结合，身体锻炼是意念和形体的统一。人可以用自身的"造型"来表现对客观世界的认识，并通过"造型"

达到增强功能的效果。在运动及身体锻炼中，学生通过韵律体操、竞技体育、基本体操和律动来表现"造型"的艺术美。美的心灵、美的情操都是通过美的举止、美的造型来表现的。因此高等学校体育应十分注重培养学生高尚的情操，使"外在美"与"内在美"很好地结合起来。

（五）培养高水平的运动员

多出人才，出好人才，其中当然也包括出优秀的体育人才，出世界冠军。我们应该充分发挥高校在师资、器材、设施和多学科交叉方面的优势，充分认识大学生的心理、生理特征和体力、智力优势，把部分有运动天赋和运动才能的大学生培养成为高水平的运动员，这是时代赋予高等学校的使命。体育与运动早已被视为"科技水平的橱窗"。当今的世界纪录和世界冠军都是多学科成果的结晶，对运动员体力和智力水平均提出了很高的要求。

第二章　体育与健康

健康是人类生活的永恒话题，现代社会的迅速发展加速了人们的生活节奏，同时也给人们的健康问题带来了新的特征。了解健康与体育锻炼的关系，掌握促进体质健康的原则与方法，合理选择适宜的体育锻炼手段来促进自身的心理健康和社会适应，是高校体育学习的重要内容。

第一节　健康与体育锻炼

"生命在于运动"，这句话很好地诠释了体育锻炼对于保持健康的重要性，人类通过体育锻炼达到强身健体、延年益寿的目的，拥有一个健康的身体是每个人的愿望。

一、健康概述

（一）健康的概念

1948 年，世界卫生组织（WHO）首先提出了健康的概念，认为"健康不仅是免于疾病和衰弱，而且是保持身体、精神和社会适应方面的完善状态"。1974 年 WHO 对健康的定义是："健康是人的肉体、精神与社会的康乐的完善状态，而不仅仅指无疾病或无体弱的状态。"1979 年，世界卫生组织又在《阿拉木图宣言》中重申："健康不仅是疾病和体弱的匿迹，而且是身心健康、社会幸福的完美状态。"

近年来，世界卫生组织关于健康的概念再次将外延拓宽，即把道德修养和生殖质量也纳入健康的范畴。将道德修养作为精神健康的内涵，其内容包括：健康者不以损害他人的利益来满足自己的需要，具有辨别真与伪、善与恶、美与丑、荣与辱等的是非观念，能按照社会行为规范准则来约束自己及支配自己的思想和行为。加强道德修养不仅对自身健康有益，也对社会文明、人类长寿大有裨益。生殖健康是指人在生殖过程中，生理、心理和社会关系等方面都处于良好状态，妇女可以安全地经历妊娠和分娩，出生的婴儿能存活并健康成长。"生殖健康"这个新概念把生殖问题从单纯的医学范畴扩展到经济、社会等更为广阔的领域。把生殖的健康与整个社会的发展、人口的增长、人的生命素质，与全人类的共同进步等重大问题都紧紧地联系在一起。

根据生物、心理、社会多种因素对体育与医学的渗透和对健康的影响，世界卫生组织精确地指出，健康乃是人在躯体上、精神上和社会上的完美状态，而不仅是没有疾病和衰弱状态。人的健康是同生物的、心理的、社会的、道德的、生殖的等五个因素联系在一起的。目前，世界各国学者公认它是一个全面的、明确的、广泛适用的、科学的健康概念。

（二）健康的标志和表现

我国医学专家认为健康的表现包括四个方面：①身体各部分发育正常，功能健全，没有疾病。②体质状况好，对疾病有高度的抵抗能力，并能吃苦耐劳，担负各种艰巨的任务，能经受住多种自然环境的考验。③精力充沛,能经常保持清醒的头脑,全神贯注,思想集中,对工作、学习都有较高的效率。④意志坚强，情绪正常，精神愉快。

世界卫生组织提出"五快三良好"的健康表现："五快"是针对生理健康而言的，即：①吃得快，是指胃口好，不挑食，吃得迅速，表明消化功能正常。②便得快，是指上厕所时很快排通大小便，表明胃肠功能良好。③睡得快，是指上床即能熟睡、深睡，醒来时精神饱满、头脑清晰，表明中枢神经系统的兴奋、抑制功能协调，且内脏不受任何病理信息的干扰。④说得快，是指语言表达准确、清晰流利，表明思维敏锐，反应良好，心肺功能正常。⑤走得快，是指行动敏捷自如，表明运动系统功能良好。"三良好"是针对人的心理健康而言的，即：①良好的个性，是指性格温和，意志坚强，感情丰富，胸怀坦荡，心境达观，不为烦恼、痛苦、伤感所左右。②良好的处事能力，是指沉浮自如、客观观察问题，具有自我控制能力而能适应复杂的社会环境，对事物的变迁保持良好的情绪，常有知足感。③良好的人际关系，是指待人接物宽和，不过分计较小事，能助人为乐，与人为善。

此后，世界卫生组织总结并确定了人群健康十项标准，它们是：①精力充沛，能从容不迫地担负日常繁忙的工作。②处世乐观，态度积极，乐于承担责任，事无巨细。③善于休息，睡眠良好。④应变能力强，能适应环境的各种变化。⑤能抵抗一般的感冒和传染病。⑥体重适中，身体匀称，站立时头、肩、臀位置协调。⑦眼睛明亮，反应敏捷，眼和眼睑不发炎。牙齿清洁，无龋齿，不疼痛，牙龈颜色正常，无出血现象。⑨头发有光泽，无头屑。⑩肌肉丰满，皮肤有弹性，走路轻松。

（三）亚健康状态

世界卫生组织的一项全球性调查表明，真正健康的人占5%，患有疾病的人占20%，而其余75%左右处于非健康、非疾病的中间状态。这种处在健康和患病之间的过渡状态，世界卫生组织称其为"第三状态"，国内常常称之为"亚健康"状态。具体地说，亚健康是指机体在内外环境的不良刺激下引起心理、生理发生异常变化，但尚未引起器质性损伤，医学检查所得各项生理、生化指标均无明显异常，无法做出明确诊断。亚健康状态在心理上表现为精神不振、情绪低沉、反应迟钝、失眠多梦、白天困倦、注意力不集中、记忆力减退、烦躁、焦虑、易惊等。在生理上表现为：疲劳、乏力、活动时气短、出汗、腰酸腿疼、心悸、心律不齐等。亚健康处理得当，则身体可向健康转化；反之，则患病。

造成亚健康状态的原因很多，主要有以下四方面：

（1）过度的紧张和压力：研究表明，长时期的过度的紧张和压力对健康有四害，一是引发急慢性应激直接损害心血管系统和胃肠系统，造成应激性溃疡和血压升高、心率增快、加速血管硬化进程和心血管事件发生；二是引发脑应激疲劳和认知功能下降；三是破坏生物钟，影响睡眠质量；四是免疫功能下降，导致恶性肿瘤和感染机会增加。

（2）不良生活方式和习惯，如高盐、高脂和高热量饮食，大量吸烟和饮酒以及久坐不运动是造成亚健康的最常见原因。

（3）环境污染的不良影响，如水源和空气污染、噪声、微波、电磁波及其他化学、物理因素污染是防不胜防的健康隐形杀手。

（4）不良精神、心理因素刺激，这是心理亚健康和躯体亚健康的重要因子之一。

（四）影响健康的因素

影响健康的因素有很多，但总结起来有以下几点。

1. 卫生服务因素对健康的影响

卫生服务是保证人类健康极为重要的因素，是人类征服疾病、控制疾病的重要措施。一个国家、一个民族，要求得生存发展，国民必须具有健康的身体，这是一个基本条件。要保证国民的身体健康，国家和社会就需要加强卫生服务，体现在医疗政策、制度和经费保障，人力、物力、财力的投资力度上。如近年来，我国人口的发病率、死亡率及人均预期寿命等多项健康指标，已经达到或接近世界发达国家水平。

初级卫生保健是最基本的卫生保健制度，它的特点是能针对本区域人群中存在的主要卫生问题，相应地提供增进健康、预防疾病、治疗伤病以及促进身心健康等方面的卫生服务。例如，开展针对性的健康教育，提供安全饮用水和基本卫生设施，改善食品供应及合理营养，开展妇幼保健和计划生育、地方病的预防和控制、常见病和外伤的妥善处理、主要传染病的免疫接种、提供基本药物等。这样，就使所有个人和家庭在能接受和能提供的范围内，享受到最基本的卫生保健。

2.行为和生活方式因素对健康的影响

行为和生活方式是指人们长期受一定的社会、经济、文化、民族、家庭等因素影响而形成的一系列比较固定的生活习惯、生活制度和生活意识。

良好的个人行为和生活方式有利于提高身体健康水平，降低损害健康的危险因素，包括经常自觉参加体育锻炼、平衡的膳食、保持充足适宜的睡眠、能对精神紧张和压力予以放松和处理、安全的出行习惯、不吸烟、节制饮酒等。

3.环境因素对健康的影响

环境主要是指环绕于我们周围的各种自然及社会因素的总和，是指人类赖以生存，从事生产和生活的外界条件。人类不仅生活在自然界，具有生物属性而且是生活在人与人之间关系总和的复杂的社会中，具有社会属性。因此，人类环境包括自然环境和社会环境两个部分。

（1）人类与自然环境：自然环境是指由地球表层的大气圈、岩石圈、水圈、生物圈所组成的相互渗透、相互制约和相互作用的庞大、独特、复杂的物质体系。

尽管人体的生理功能具有一定的适应和调节能力，但这种调节能力是有一定限度的。如果环境中的某些化学元素含量过多或过少，超过人体生理的调节范围时，便会使人和环境之间的平衡遭到破坏，从而使机体的健康受到不同程度的影响，甚至形成地方病和流行病。例如，环境中缺乏碘，可导致地方性甲状腺肿的发生和流行；环境中含氟量过多可引起氟骨症；饮用软水的地区，易患心脏病，饮用硬水的地区，冠心病的发生率低。所以，人类的各种疾病都与生活的环境条件有密切关系。

（2）人类与社会环境：社会环境主要是指聚落环境，它以人群聚集和活动作为环境的主要特征和标志。①一个国家的政治局势稳定、政治制度的完备，有利于人类发展体制的完善，有助于国民健康水平的提高，人民的健康水平需要国家政府的保障和支持。②经济与健康。经济与健康的关系是辩证统一的关系。经济的发展是人民健康水平提高的根本保证，是确保人民体质健康的物质基础。如要保证国民的身体健康，国家和社会就需要卫生投资，卫生投资的效益表现为国民健康水平的提高。健康水平的提高必然带来经济效益，对社会的经济发展起到积极作用。③教育与健康。教育水平的高低将直接影响人类社会发展和民族整体素质的提高。体育教育属于教育的重要组成部分，它对人类的健康发展起着积极的促进作用。学校体育教育作为终身体育的起始阶段，将为每个人一生的不断发展奠定基础。这一基础不仅仅局限于增强体质方面，而且在于健康、心理发展的各个方面，以及余暇生活质量的提高。体育教育将为人们提供获得身心可能发展的基础，它将是现代人设计和选择未来健康生活的基础。

4. 遗传因素对健康的影响

遗传是指子与父代之间在形态结构和生理功能上的相似。遗传的物质基础是细胞体中的染色体。存在于细胞核的染色体中的脱氧核糖核酸（DNA）包含着生物体的传递信息，在遗传过程中通过 DNA 分子复制，将遗传信息传给子代，从而得到与父代相同的一定遗传特征。这个过程要在一定的环境条件下才能发挥作用，在某些环境条件影响下可能发生变异。人的体质受遗传因素的影响，但是遗传对体质的影响只提供了发展的可能性，而体质强弱的现实性，则有赖于后天的环境条件。通过遗传获得良好的体质，将有助于形成良好的健康状况。但是如受后天较差的环境影响，其健康状况也会向不良方向发展。同时，较弱的体质状况在后天优越的环境培养下，其健康状况依然会向良好的方向发展。

二、健康管理

（一）健康管理的含义

我国专家认为，看似健康的人也应每年或至少两年进行一次体检，应认识到定期体检的必要性，对 40 岁以上的人来说尤其如此。因为，随着年龄的增长，各种疾病出现的概率越来越高，体检能够早期发现一些无痛或症状不明显的疾病，如肿瘤、高血压、糖尿病、脂肪肝、高血脂等，而早期发现并及时治疗又对逆转病情、恢复健康、提高生活质量至关重要。

健康管理是指对个体或群体的健康进行全面监测、分析、评估、提供健康咨询和指导以及对健康危险因素进行干预的全过程。健康管理的宗旨是调动个体和群体及整个社会的积极性,有效地利用有限的资源来达到最大的健康效果。健康管理的具体做法就是为个体和群体(包括政府)提供有针对性的科学健康信息,并创造条件采取行动来改善健康。健康管理是基于个人健康档案的个性化健康事务管理服务,是建立在现代生物医学、营养学和信息化管理技术的模式上,从社会、心理、生物的角度来对每个社会成员进行全面的健康保障服务,协助人们成功有效地把握与维护自身的健康。

健康管理有以下三个基本步骤:第一步是了解你的健康;第二步是进行健康及疾病风险性评估;第三步是进行健康干预。健康管理的常用服务流程由五个部分组成:健康管理体检,健康评估,个人健康管理咨询,个人健康管理后续服务,专项的健康及疾病管理服务。

(二)健康管理的重要意义

简单地说,健康管理就是要将科学的健康生活方式传导给健康的需求者,变被动的护理健康为主动的管理健康,更加有效地保护和促进人类的健康。因此,人人需要健康管理。据世界卫生组织研究报告,人类三分之一的疾病通过预防保健是可以避免的,三分之一的疾病通过早期的发现是可以得到有效控制的,三分之一的疾病通过信息的有效沟通能够提高治疗效果。因此,对健康的管理与维护应该是在疾病没有到来之前的预防。

健康管理最重要的意义在于实现了一种管理功能,使健康问题处理变得井然有序。通过健康管理,使个人对自身健康状况有一个深刻的认识,知道自己身体的薄弱环节和优势,可以做到扬长避短;针对本人特点,健康管理对饮食起居、生活保健、日常防护等,也可以做出专业的指导。

在疾病的预防和治疗方面,健康管理也能发挥重大作用。通过定期检查、评估和健康专业咨询,做到提前预防,及时指导就医治疗,避免拖延病情,或者让得到治疗后的身体恢复与保养。这种管理具有双重意义,对于个人来说,身体状况得到了改善,节约了更多的治疗经费;对于社会来说,也节省了大量的医疗资源。

健康管理作为一门学科和新兴职业悄然兴起并发展壮大。经济学家指出,健康与经济的增长密切相关:健康问题的解决,可以促进经济增长;健康问题不解决,经济就会出现负增长。

三、体育锻炼与大学生的健康促进

（一）体育运动对运动系统的作用

运动系统的主要功能是使人体运动。它由骨骼、骨连接（关节）、肌肉三部分组成，在神经系统的支配下，肌肉收缩牵动骨骼产生各种运动，这种运动是以骨骼为杠杆、关节为枢纽、肌肉为动力来实现的。

骨骼肌：任何身体活动都表现为肌肉的运动，所以，肌肉系统必然是受体育锻炼影响最显著的器官之一。骨骼肌在人体中分布极为广泛，全身有 400～600 块肌肉，成年人骨骼肌占人体体重的 40%（女性 35%）左右，不同年龄、性别的骨骼肌占人体体重的比例不同，四肢占全身肌肉总重的 80%，其中下肢 50%、上肢 30%。

体育运动对骨骼肌形态结构的影响：①肌肉体积增大。大多数人认为肌肉体积增大是因为肌纤维增粗，力量训练可使肌纤维最大限度地增粗，而耐力性练习如中长跑、自行车等项目对肌肉的肌纤维增粗并不明显。②肌纤维中线粒体增多，体积增大。线粒体是供能中心。③肌肉中脂肪减少。在活动不多的情况下，骨骼肌表面和肌纤维之间有脂肪堆积，影响了肌肉的收缩效率，通过体育运动，特别是耐力性项目（长跑），可以减少肌肉的脂肪，提高肌肉的收缩效率。④肌肉内结缔组织增多，使肌腱和韧带中的细胞增殖而变得结实粗大，从而抗拉断能力增高。⑤肌肉内的化学成分发生变化，如肌肉中肌糖原、肌球蛋白、水分等都会增加。物质的增多提高了肌肉的收缩能力，及时供给肌肉能量。⑥肌肉中毛细血管增多，体力运动可使肌肉毛细血管数量和形态都有所改变，提高了肌肉的工作能力。

骨骼：成年人的骨骼共有 206 块，但其中大约只有 178 块直接参与随意运动，多数骨骼是成对的，骨中有丰富的血管和神经。体育运动对骨形态结构的影响：①长期坚持体育锻炼，可使骨密质增厚、骨变粗、骨小梁排列更加整齐、有规律，使骨变得更加粗壮和坚固，在抗折、抗弯、抗压缩和抗扭转方面的性能都有了提高。体育运动的项目不同，对各部分骨骼的影响也不同。经常从事下肢活动的跑跳运动，对下肢骨骼的影响较大；而经常从事举重运动，对上肢和下肢的骨骼影响较大。②体育锻炼可以使关节面骨密质增厚，从而能承受更大的负荷；体育锻炼增强了关节周围肌肉力量，使肌腱和韧带增粗，关节面软骨增厚，加大了关节的稳固性，增加了关节的运动幅度。在体育运动停止后，骨骼所获得的变化会慢慢消失。因此，体育锻炼应经常化，项目更要多样化。

（二）体育运动对心血管系统的影响

人体细胞的生存并发挥作用，需要足够的营养物质供应；同时在细胞代谢中所产生的代谢产物（废物）能够被及时运走并清除体外，这一切均依赖于心血管系统来完成。心血管系统是由心脏、动脉、毛细血管和静脉血管组成的密封管道。心脏是血液循环的动力，血管主要充当血液运输的管道系统，血液充当运输的载体。在心脏"泵"的推动作用下，沿着血管周而复始地运行，将细胞所需物质带来，运走代谢产物。由此可见，血液循环系统对于生命有重要的意义。

体育运动对心脏功能的影响：①心脏增大：一般人心脏重量约300g，运动员可达400~500g。心肌纤维增粗，其内所含蛋白质增多。心肌毛细血管口径变大，数量增多，供血量也相应加大，为适应运动，心脏出现心脏功能性增大。②心脏的容量和每搏输出量增加。一般人的心脏容量约为765~785mL，而运动员可达 10^{15} ~ 10^{27} mL，由于心脏肌纤维变粗、心壁增厚、收缩力增强，所以每搏动一次输出量也明显增加，一般人安静时为50~70mL，而运动员可达130~140mL，同时也提高了心脏的储备力量。例如心脏在安静状态下脉搏的频率较低（40次左右），一般活动时升高不多，紧张剧烈活动时则升高明显，但停止运动后又能很快恢复到安静状态。

体育运动对血管的影响：①可以使脉管壁的中膜增厚，弹性纤维增多，使血管的运血功能加强。②改善毛细血管在器官内的分布和数量。例如，骨骼肌的毛细血管可以增多、口径变大、行程迂曲、分支吻合丰富，所以可以改善器官的血液供应，以提高和增强器官的功能。

（三）体育运动对呼吸系统的影响

增强呼吸肌力，呼吸功能提高，使肺通气量增加。运动时，由于运动肌肉对能量的需求剧增，机体对氧气的需求也相应显著增加，即需氧量与运动强度、运动时间成正比。而机体为了尽力满足肌肉运动的氧需求，会充分利用呼吸肌的潜力，使其发挥最大功能，力争吸入尽可能多的氧气，长此以往呼吸肌会得到更好的锻炼。

提高胸廓顺应性、增加呼吸肌（尤其是吸气肌）活动幅度来增大肺容量和肺通气量。

（四）体育运动对神经系统的影响

1.促进神经系统的发育

人类在婴儿时期进行适当的运动，有助于大脑的发育和提早学会走路。科学实验也证明，加强婴儿右手的屈伸训练，可加速大脑左半球语言区的成熟；加强左手的屈伸训练，则可加速大脑右半球语言区的成熟。科学家还发现，一个以右手劳动为主的成年人，其大脑左半球的语言机能占优势，体积占比也是左侧比右侧大。这些科学实验表明，身体锻炼对神经系统的发育和完善有非常重要的意义。

2.提高神经系统的灵活性

体育运动丰富了神经细胞突触中传递神经冲动的介质，并在传递神经冲动时引起较多介质的释放，缩短神经冲动在突触延搁的时间，加快突触的传递过程，从而提高神经的灵活性。例如，100m跑起跑时，训练有素的运动员听到发令信号时，起跑反应非常快。

3.改善和提高中枢神经系统的工作能力，使人头脑清醒，思维敏捷

大脑是人体的最高指挥部，人体一切活动的指令，都是由大脑发出的。大脑的重量虽只占人体的2%，但是它需要的氧气却要由心脏总流出血量的20%来供应，比肌肉工作时所需血液多15~20倍。然而，脑力劳动者长时间伏案工作，机能活动的特点是呼吸表浅，血液循环慢，新陈代谢低下，腹腔器官及下肢部血液停滞。长时间进行脑力劳动使人头昏脑涨，就是由于大脑供血不足、缺氧所致。进行适量体育运动，特别是到大自然中去活动，可以改善大脑供血、供氧情况，可以促使大脑皮层兴奋性增加。抑制加深，兴奋和抑制更加集中，神经过程的均衡性和灵活性加强，对体外刺激的反应更加迅速、准确，大脑分析、综合能力加强，整个有机体的工作能力提高。

（五）体育运动对免疫机能的影响

1.改善免疫机能

免疫机能是体质的代表性指标，运动能够增强体质，不仅指身体运动能力的提高，更包含着免疫机能的增强，因此，人类才能抵抗与适应不断恶劣的外界环境。运动有益于健康已是人们的共识，研究者已发现经常参加体育运动可以增强抵抗力，降低心血管疾病的风险并提高生命质量。此外，研究发现运动员过度训练与频繁比赛，抵抗力会下降，更易感染疾病。因此，传统的生命在于运动就要变为生命在于科学

运动。通过运动锻炼，机体遇到刺激后机体免疫功能为维持机体内环境稳定，其动员速度快，因此反应快，可使免疫调节因素得到明显改善。

2.提高机体对外界环境的适应能力

适应能力是指人体在适应外界环境中所表现的机体能力。它包括对外界环境的适应能力和对疾病的抵抗力。长期在各种气候和环境，如严寒酷暑、风雨霜雪或空气稀薄等条件下进行锻炼，能改善有机体体温调节的机能。

第二节　体质健康与体育锻炼

当代大学生作为祖国未来的希望，保持健康的体质非常重要，本节将对大学生体质健康的内容及自我评价，以及体育锻炼的基本原则和运动安全的相关知识做一个简单的介绍。

一、大学生体质健康的内容及自我评定

体育锻炼效果的测定与评价是一个十分重要的问题。通过测定与评价能看出锻炼的效果，能更好地激发锻炼的积极性，并为确定以后的锻炼内容和方法提供必要的科学依据。

（一）常用形态指标

身高、体重与胸围三项指标的均衡发育程度对人体的形态影响最大，通过身体测量，可以鉴别三项指标的发育程度。分析影响身体形态的各种因素以求改善，使形态发育指标更接近理想的目标。

1.身高

身高是指人体站立时，支撑面至头顶点的垂直高度。通过测量身体长度，可了解骨骼的发育情况。

测量方法：受试者赤足，以立正姿势站立在身高坐高计的底板上，足跟并拢，足跟、骶骨部及两肩胛间区与支柱接触，躯干自然挺直，头部正直，但不靠立柱，两眼平视，耳屏上缘与眼眶下缘呈一水平，测试者站于受试者侧面，将水平压板轻轻沿立柱下滑，轻压受试者头顶，测试者两眼与压板平面等高，进行读数记录。身高主要反映骨骼发育状况，是评价生长发育水平的重要依据。

2. 体重

体重即人体站立时的重量。通过测量体重，可了解人体横向发育指标。测量方法：测量时，男生只穿短裤，女生穿短裤、背心，并应在测量前排空大、小便，被测者赤足轻踏上秤台中央、身体保持平衡，不与其他物体接触。体重反映人体骨骼、肌肉、皮下脂肪及内脏器官重量增长的综合情况和身体的充实度，体重受年龄、性别、生活条件、体育锻炼、疾病等因素的影响。

体重和身高的比例可以辅助说明营养状况和肌肉发育程度。目前国际上通用的反映身高体重情况的指标为体重指数（BMI），计算公式为：体重（kg）/ 身高（m）的平方，判断标准为 BMI 小于 24 为正常，24~28 为超重，28 以上为肥胖。

3. 胸围

胸围即胸廓外面的周长。通过测量胸廓大小可以了解胸廓的肌肉发育情况。测量方法：测试者自然站立，两脚分开与肩同宽，双肩放松，两上肢自然下垂，测量者将带尺围绕胸廓一周，在背部、带尺上缘于肩胛骨下角的下方，在胸部带尺下缘放于乳头上缘，已发育成熟的女生，带尺应置于乳头上方第四肋骨与胸骨连接处。从侧面观看，带尺呈水平的圆形、测量受试者呼吸尚未开始时的胸围。胸围是显示人体的宽、厚度最有代表性的量值，是衡量人体生长发育水平的一个重要指标。

（二）常用生理、生化指标

1. 常用生理检查指标

（1）心率：心率是指每分钟心脏搏动的次数。安静时一般成人心跳约为 60~80 次 / 分。临床上安静时心率超过 90 次 / 分称心动过速，60 次 / 分以下称心动过缓。经过较系统的体育锻炼或劳动锻炼的人，安静时心率明显减慢，有些训练水平较高的运动员可达到 50 次 / 分。

（2）血压：血压是指血液在血管内流动时对动脉血管壁产生的侧压力，也称动脉血压。心室收缩时血液大量射入血管，主动脉压力急剧升高，这时的压力称为收缩压；心室舒张时压力降低称为舒张压；收缩压与舒张压之差称脉压。血压在一定程度上反映心肌收缩力量的大小和血管弹性。血压的测量一般取坐位，以右上肢为准。测量时受试者右臂自然前伸平放在桌面上，使血压计零位与受试者心脏和右臂袖带处于同一水平面上。先将袖带捆扎于受试者上臂，肘窝暴露，将听诊器听头放在肱动脉上，开始充气加压使水银柱上升，直到听不到肱动脉搏动声，再打气升高 2.6~4kPa，然后慢慢放气减压，第一次听到搏动声时的压力为最高血压（收缩压），继续放气减压到完全听不到搏动声的瞬间为最低血压（舒张压）。我国成年人安静时收缩压约为 13.3~16.0kPa，舒张压为 8.0~10.7kPa，脉压为 4.0~5.3kPa。世界卫生组织和国际高血压疾病学会（WHO/ISH)1993 年做出规定：凡舒张压超过 12kPa 或收缩压大于 18.7kPa，即视为血压高。如两次非同一时间测定的血压均较高，则可能患有高血压。

（3）呼吸：机体在新陈代谢过程中，需要不断地从外界环境中摄取氧气并呼出二氧化碳，这种机体与环境之间的气体交换过程称为呼吸。正常成人呼吸频率为 16~20 次 / 分，但可随活动、情绪、疾病等因素而发生改变。

（4）肺活量：肺活量是指一个人全力吸气后所呼出的最大气量。肺活量是一种常用的反映呼吸机能的指标，它和身高、体重、胸围成正相关。一般情况下，体重和胸围大的人，肺活量也大。测量肺活量时，受试者取站立姿势，然后手握住肺活量计的吹气嘴，做最大吸气后对准肺活量计的吹气嘴做最大的呼气，直到不能再呼气为止。测试者按指示器或显示器读数。每人可测量三次，每次间隔时间为 15s，选最大值记录，精确到 10 位数，误差不得超过 200mL。肺活量反映的是静态气量，与呼吸的深度有关。正常成年人肺活量，男性为 4000~4500mL，女性为 2600~3200mL。

（5）最大吸氧量：最大吸氧量是指运动中每分钟由人体呼吸系统吸入、并由循环系统运输到肌肉而被肌肉所利用的最大氧量。它是评定人体运动时有氧工作能力的重要指标。优秀的男女耐力项目运动员最大吸氧量分别可达 6L/min 和 4L/min，男子最高值可达 7.4L/min、女子 4.3L/min。

（6）心电图：在每个心动周期中，由窦房结产生的兴奋依次传向心房和心室。这种兴奋的产生和传播时所伴随的生物电变化，通过周围组织传到全身，使身体各部位在每一个心动周期中都发生有规律的电位变化。用引导电极置于肢体或躯体的一定部位记录出来的心电变化的波形，叫作心电图。典型的心电图是由一组波形及各波之间的间期组成的。

（7）连续心电图监测：连续心电图监测是用有线或遥感心电接收器，将心电图传送到中心台，通过贮存全面记录的方式，用电脑进行自动分析。它的目的、方法与动态心电图相似，其优点在于可以随时发现心律失常的发作，立即给予处理。

（8）脑电图：脑电图是通过脑电图描记将脑自身微弱的生物电放大记录成为一种曲线图，以帮助诊断疾病的一种现代辅助检查方法。它对被检查者没有任何创伤影响。

（9）肌电图：肌电图同脑电图一样，也是记录人体自身生物活动的曲线图。电极安放方法有两种：一种是表面电极，放在皮肤表面；另一种是针电极，插入肌肉内。后者较为常用。

（10）B超检查：B超检查简便易行，无创伤、无痛苦，运用极为广泛。除骨骼系统外，身体每个部位几乎都可使用B超检查。

（11）X线检查：X线检查包括透视、摄片、造影三种。

（12）CT（电子计算机辅助断层扫描）：主要用于颅脑、脊椎以及肺、纵隔、腹腔及盆腔器官病变的检查。CT本质上仍是X线检查，但比一般的X线检查更为精准。

（13）磁共振成像术：磁共振成像术即核磁共振（MRI）。基本原理是在强大磁场的作用下，记录组织器官内氢原子的原子核运动，经计算和处理后获得检查部位的图像。MRI对人体没有损伤；MRI能获得骨髓的立体图像，不像CT那样一层一层地扫描而有可能漏掉病变部位；能诊断心脏病变，CT因扫描速度慢而难以胜任。

2. 血液一般检查指标

（1）红细胞（RBC）。

正常：男性（4.0~5.0）×10^9/L，女性（3.5~4.5）×10^9/L。

增高：真性红细胞增多症、严重脱水、肺源性心脏病、先天性心脏病、严重烧伤、休克等。

降低：贫血、出血。

（2）血红蛋白（Hb）。

正常：男性120~150g/L，女性105~135g/L。

增高与降低：大致与红细胞相同，但变化幅度不一定与红细胞平行。

（3）白细胞（WBC）。

正常：（4~10）×10^9/L。

增高：细菌感染、严重烧伤、类白血病反应、白血病。

降低：白细胞减少症、脾功能亢进、造血功能障碍、放射线、药物、化学毒素等引起的骨髓抑制、疟疾、伤寒、病毒感染、副伤寒等。

（4）血小板（BPC）。

正常：（100~300）×10^9/L。

增高：原发性血小板增多症、真性红细胞增多症、慢性白血病、骨髓纤维化、症状性血小板增多症、感染、炎症、恶性肿瘤、缺铁性贫血、外伤手术、出血、脾切除后的脾静脉血栓形成和运动后。

降低：原发性血小板减少性紫癜、播散性红斑狼疮、药物过敏性血小板减少症、弥漫性血管内凝血、血小板破坏增多、血小板生成减少、再生障碍性贫血、骨髓造血机能障碍、药物引起的骨髓抑制、脾功能亢进。

（5）血沉（ESR）。

正常：男性 0~15mm/h、女性 0~20mm/h。

增快：急性炎症、结缔组织病、严重贫血、恶性肿瘤、结核病。

减慢：红细胞增多症、脱水。

生理性改变：女性月经期、妊娠后 3 个月及老人可稍增快。

（6）血清甘油三酯。

正常：400~1500mg/L。

增高：动脉粥样硬化、糖尿病肥胖症等。

减少：重症肝实质病变、甲亢、阿狄森病等。

（7）血糖测定。

正常：80~120mg/dL（全血），79~105mg/dL（血浆）。

增高：糖尿病、垂体前叶及肾上腺皮质功能亢进、甲状腺功能亢进及颅内疾病，如脑溢血等。

减少：胰岛素过多，胰岛细胞瘤、肾上腺皮质功能减退或长期的营养不良、严重肝炎等。

3. 大便一般检查

大便常规检查包括大便的气味、颜色、性状、食物残渣以及显微镜检查。

（1）气味：大便若呈酸臭味同时混有气泡，常见于淀粉或糖类消化不良。

（2）颜色：正常为黄色至棕黄色。

（3）性状：正常为成形、柱状、质软。

（4）食物残渣：正常为肉眼不可见，出现时多见于消化不良症或肠道大部切除病人。

（5）显微镜检查（细胞）：显微镜下正常偶见少数上皮细胞或白细胞，大量红细胞见于下消化道出血，少量红细胞、大量白细胞或脓球见于细菌性痢疾，大量上皮细胞见于慢性结肠炎。

（6）寄生虫：要查见寄生虫卵，如蛔虫、钩虫、鞭虫、姜片虫及血吸虫卵，则可做相应的诊断检查。

4.尿液一般检查

尿常规检查包括尿量、颜色、气味、尿蛋白、尿糖等。

（1）尿量：成人24h正常尿量在1000~2000mL之间，平均为1500mL。

（2）颜色：正常为淡黄色，随饮水及出汗多少，色泽深浅可有不同变化。

（3）气味：新排出的尿液无特别气味，放置较久后可出现氨臭味。

（4）尿糖。

正常：定性阴性，定量<500mg/24h。

增高：见于糖尿病、脑外伤、高血压、重症脑膜炎及某些肝病，可用于临床用药及饮食控制的效果监测。

（5）尿蛋白。

正常：定性阴性，定量10~133mg/24h。

增高:见于肾小球性蛋白尿，如急慢性肾小球肾炎、肾盂肾炎、肾小管性蛋白尿。如果药物或毒物中毒和某些肾病晚期，尿蛋白反而不增多。蛋白定量的多少，不能作为疾病类型和严重程度的诊断标准，仅供参考。

二、体育健身的基本原则

体育锻炼要遵循一定的原则，主要有以下几条。

（一）自觉性原则

体育锻炼不同于人们劳动和日常生活的一般躯体活动，更区别于动物所具有走、跑、跳、攀登等自然的本能动作。人们所从事的体育锻炼总是有一定的目的和意识的身体活动过程，因此要发挥自觉积极的主观能动性。自觉性是要求锻炼时要有明确的健身目标，树立锻炼有益于学习、工作和生活的信念，把个人的切身需要与身体锻炼的功效、民族体质、人口质量以及国家的兴旺发达结合起来，更好地激发自己的锻炼热情。认真选择适宜的锻炼内容和方法，合理安排适宜的运动负荷，通过锻炼获得精神上的满足，感到有乐趣，心情舒畅。通过从事有趣的体育运动，表现出极大的主动性和自觉性，使身心统一。体育锻炼的效果、信心、兴趣三者是相辅相成的，应密切结合，才能做到自觉积极地从事体育锻炼。可通过定期检测锻炼效果的信息反馈，使自己经常看到锻炼的结果和进步，增强自信心，不断巩固和提高自觉锻炼的积极性。

（二）从实际出发原则

从实际出发原则，是指体育锻炼的目的、内容、方法以及适宜的运动负荷。由于每个参加锻炼者的性别、年龄、职业、体育基础、身体状况、生活条件、锻炼目的等主观客观条件各不相同，在选择锻炼内容、方法和运动负荷时，要因人而异、量力而行，特别要注意选择适量的运动负荷。负荷适量指体育锻炼要有恰当的生理负荷量。锻炼效果的大小，与锻炼时生理负荷的适宜与否有着极为密切的关系。负荷量太小，机体得不到适宜的刺激，功能的变化不明显，锻炼效果也就不大。相反，机体负荷量太大，不仅不能增强体质，还会损害身体健康。决定运动负荷大小的主要因素是量和强度。量是指完成动作的次数、组数、时间、距离等；强度是指完成练习所用力量的大小和机体的紧张程度，包括动作的速度、练习的密度、练习间歇时间的长短、负重的大小、投掷的距离、跳跃的高度和长度等。量和强度要处理适当。强度越大，则量就要相应减少；强度适中，则量可以相应加大。要做到适量，以练习者承受得了并有一定的疲劳感为度。掌握适宜的运动量，一般可采用心率百分法，即采用使心率升高到本人最高心率的 70%~85% 的强度作为标准进行锻炼的方法。个人的最高心率直接测量比较困难，一般男女均可用 220 减年龄来估算每分钟的最高心率。例如某人 20 岁，其锻炼过程的运动强度应控制在心率为：（220~20）×（70%~85%）=140~170（次 / 分）。这被称之为有氧锻炼的适宜负荷量。或者用接近极限运动量的心率（一般假定每分钟 200 次）减去安静时的心率（这里假定每分钟 60 次）的 70%，再加上安静心率基数 60 次，即运动时的心率为（200~60）×70%+60=98+60=158 次。这是对身体影响最佳的运动强度。当然这两种计算方法也是相对的，适宜的运动负荷还要根据锻炼时和锻炼后的感觉来调整。

同时，要根据外界环境的实际情况，如地理环境、气候条件、场地器材、环境卫生等，选择适合于自身的锻炼内容和方法。体育锻炼的一个重要目的是使人适应外界环境的变化。

（三）持之以恒原则

持之以恒原则，是指体育锻炼必须持之以恒，使之成为作息制度和日常生活中不可缺少的重要内容。从生物学角度来看，人的体质的增强是一个不断积累、逐步提高的过程，不可能一劳永逸。人体机能水平的提高，各种运动素质的发展，运动技能的形成与巩固，有赖于较长时期经常地锻炼。这样，才能使有机体在解剖形态、生理机能、生化过程等方面产生一系列适应性的变化，不是一朝一夕或短期锻炼所能达到的，而是坚持长期锻炼的成效积累的结果。人体结构和机能的变化，都是通过肌肉活动的反复强化来实现的，体育锻炼是对机体给予刺激的过程，每次刺激都产生作用痕迹。连续不断的刺激作用，在机体内产生痕迹的积累，这种积累使机体的结构和机能产生新的适应性，从而使体质不断增强。如果"三天打鱼，两天晒网"，间断地进行，前一次的作用痕迹已经消失，下一次作用的积累就小，机体的适应性变化就小，锻炼效果就不明显。如果长时间停止锻炼，各器官系统的机能还会慢慢减退，使体质逐渐下降。

（四）循序渐进原则

循序渐进原则，是指体育锻炼必须根据人体身心发展规律和个人的实际情况，在锻炼的内容、方法、运动负荷等方面逐步提高，使机体功能不断得到改善和提高。循序渐进是人体适应环境的基本规律。人体对内、外环境变化的适应，是一个缓慢的由量变到质变的过程。只有遵循这个规律，才能取得良好的锻炼效果。否则，非但不能增强体质，还会引起机体损伤和运动性疾病，损害身体的健康。因此，进行体育锻炼不能急于求成。

坚持循序渐进原则要做到：①在锻炼内容上，根据自己的身体状况，合理选择，体质不同，锻炼起点也不同。体质较好的人，可选择比较剧烈的活动方式，如各种竞技运动项目；体质较弱的人，开始锻炼时，可选择那些比较缓和的运动，如慢跑、徒手操、武术、乒乓球等。患慢性疾病的人，可选择保健体育的一些内容，如健步走、太极拳、健身气功等。当体质逐渐变好时，锻炼内容也可逐步由缓和转变为有一定运动负荷的运动。②运动量逐步加大。机体对运动量的承受能力有个缓慢的适应过程，锻炼时运动量要由小到大，待机体适应后再逐步加大。如果运动量长期停留在一个水平上，机体的反应就会越来越小。机体机能的提高，是按照刺激—适应—再刺激—再适应的规律有节奏地上升的，运动量也应随着这种节奏来安排。病后或中断锻炼后再进行锻炼，尤其要注意循序渐进，以免发生意外。③每次锻炼过程也要循序渐进。每次锻炼要做准备活动，锻炼后要做好整理活动，如长跑前先做 5~10 分钟慢跑，跑完后也要进行适当的牵拉和放松活动。

（五）全面锻炼原则

全面锻炼原则，是指体育锻炼应全面发展身体的各部位、各器官的机能，提高各种身体素质和基本活动能力，从而达到身心全面和谐的发展。人体是在大脑皮层调节下的有机统一的整体，人体各部位、各器官系统的机能，各种身体素质和基本活动能力之间是相互联系、相互制约的。身体素质是人体在运动过程中所表现出来的力量、速度、耐力、柔韧和灵敏等方面能力的综合体现，它们是通过肌肉活动表现出来的，但同时反映着内脏器官的机能、肌肉工作的供能情况，以及运动器官与内脏器官活动配合的协调状况。对于处于生长发育关键时期的青少年来说，全面发展尤为重要。由于各个运动项目对身体发展都有其独特的锻炼作用，但同时也有一定的侧重性。如长跑锻炼有益于发展心血管系统和呼吸系统的功能，加强中枢神经系统的调节。锻炼的内容，可结合自己的兴趣爱好，选择 1~2 项作为每天必练的主要项目，同时加强其他项目的锻炼，以弥补主项的不足。全面锻炼的过程中还应注意群体意识、个性特征等心理素质的发展。

三、运动安全

运动安全对于体育锻炼者来说非常重要，下面介绍几种体育活动中常见的运动安全问题，并简要介绍运动损伤的急救方法。

（一）肌肉酸痛

不少同学有过这样的体会，在一次活动量较大的锻炼以后，或是隔了较长时间未锻炼，刚开始锻炼之后，常常出现运动后肌肉酸痛，这种酸痛不是发生在运动中或运动后即刻，而是发生在运动结束后 1~2 天之后，因此也称为肌肉延迟性疼痛。

原因：肌肉酸痛是由于当肌肉一次活动量大时或隔了较长时间未锻炼而刚恢复锻炼时，肌肉对负重负荷及收缩放松活动未完全适应，会引起局部肌纤维及结缔组织的细微损伤，以及部分肌纤维产生痉挛所致。生理和生化的研究结果证实了酸痛时这种局部细微损伤及肌纤维痉挛的存在。由于这种肌纤维细微损伤及痉挛是局部的，因而就整块肌肉而言，仍能完成运动功能，但存在肌肉酸痛感。酸痛后，经过肌肉局部细微结构的修复，肌肉组织会变得较前强壮，以后再经历同样负荷就不易再发生损伤（酸痛）。

处理：当已经出现肌肉酸痛后，采取以下对策能使酸痛得以缓解和消除：①热敷。可对酸痛的局部肌肉进行热敷，促进血液循环及代谢过程，有助于损伤组织的修复及痉挛的缓解。②伸展练习。可对酸痛局部进行静力牵张练习，保持伸展状态 2 分钟，然后休息 1 分钟，重复进行，每天做几次这种伸展练习，有助于缓解痉挛。但做时注意不可用力过猛，以免牵拉时再使肌纤维损伤。③按摩。按摩有使肌肉放松、促进肌肉血液循环的作用，有助于损伤的修复及痉挛的缓解。④口服维生素 C。维生素 C 有促进结缔组织中胶元合成的作用，有助于加速受损伤结缔组织的修复，从而减轻和缓解酸痛。⑤针灸、电疗等手段对缓解酸痛也有一定缓解作用。

预防：预防肌肉酸痛的发生可注意如下几点：①根据不同体质、不同健康状况科学合理地安排锻炼负荷，负荷不要过大，也不宜增加过猛；②锻炼时，尽量避免长时间集中练习身体某一部位，以免局部肌肉负担过重；③准备活动中，注意对即将练习时负荷重的局部肌肉活动得更充分些，对损伤有预防作用；④整理活动除进行一般性放松练习外，还应重视进行肌肉的伸展牵拉练习，这种伸展性练习有助于预防局部肌纤维痉挛，从而避免酸痛的发生。

（二）运动中腹痛

原因：由于人体进入运动状态后，下腔静脉压力上升，血液回流受阻，致使腹部脏器功能失调，引起腹痛；有的因运动时呼吸紊乱、膈肌运动异常，引起肝脾膜张力性疼痛；也有的因运动前吃得过饱、饮水过多以及腹部受凉，引起胃肠痉挛，导致疼痛。运动性腹痛多数在中长跑运动时发生。

征象：运动性腹痛部位不固定，一般因肠痉挛、肠结核引起腹腔中部处疼痛；食后运动疼痛常发生在上腹部或中部；肝脾膜张力性疼痛，常在左右两侧上腹部。

处理：对因静脉血回流障碍和准备活动不足或呼吸紊乱引起的腹痛，可采取降低运动强度，放慢跑速，同时按摩疼痛部位，并做深呼吸等方法，疼痛常可减轻或消失。对于胃肠饱胀、肠痉挛和慢性疾患引起的腹痛，如采取上述措施后无效时，应停止运动。

预防：合理安排运动时间，饭后至少一小时后才进行活动，运动前要做好热身准备活动，运动时要循序渐进。对于患有各种慢性疾病者需在医生和体育教师的指导下进行锻炼。

（三）肌肉痉挛

肌肉痉挛俗称抽筋，是肌肉不自主地突然性强直收缩，并变得异常坚硬。

原因：在剧烈运动中，由于肌肉快速连续性收缩，肌肉收缩与放松的协调交替关系破坏，特别在局部肌肉处于疲劳时，更易发生肌肉痉挛。肌肉受到寒冷的刺激，或因情绪过于紧张，也可引起肌肉痉挛。

征象：肌肉痉挛时，局部肌肉产生剧烈性收缩并变得坚硬和隆起，疼痛难忍，且一时半会儿不易缓解。

处理：立即对痉挛部位的肌肉进行牵引，如腓肠肌痉挛时，伸直膝关节，并做足的背伸动作。若屈拇、屈趾肌痉挛，则用力将足趾背伸。最好有同伴协助，但切忌发力过猛。此外，可配合局部按摩，以加速痉挛缓解和消失。

预防：运动前做好热身准备活动，对容易发生痉挛的肌肉，可事先进行按摩；冬季锻炼时，要注意保暖；夏季进行剧烈运动时，应注意补充盐分；游泳下水前，应先用冷水淋浴，游泳时间不宜过长；疲劳和饥饿时，不要进行剧烈运动。

（四）运动性昏厥

运动中，由于脑部供血不足，氧债不断积累并达到一定程度时，即可发生一时性知觉丧失，这一现象称为运动性昏厥。

原因：由于剧烈运动或长时间运动，大量血液积聚在下肢，回心血流量减少，导致脑部供血不足而出现昏厥。跑后如立即停止不动亦可出现"重力休克"现象。

征象：全身无力眼前一时发黑，面色苍白，手足发凉，失去知觉而昏倒。生理检测脉搏慢而弱，并有呼吸缓慢、血压降低等征象。

处理：立即将患者平卧，足略高于头部，并进行向心方向按摩，同时指压人中、合谷等穴位。如有呕吐，应将患者头偏向一侧，以利于呼吸道畅通。如停止呼吸，应立即进行人工呼吸。轻度征象者，由同伴搀扶慢走，并进行深呼吸，症状即可消失。重症患者，经临场处理后，送医院治疗。

预防：不要在饥饿情况下参加剧烈运动；疾跑后不要立即停下来；久蹲后也不要突然起立；平时要加强体育锻炼，以增强体质。

（五）中暑

原因：在高温环境中，特别在温度高、通风不良、头部又缺乏保护，被烈日直接照射的情况下进行体育锻炼，因体温调节功能障碍易发生中暑。

征象：轻度中暑，可出现面部潮红、头晕、头痛、胸闷、皮肤灼热、体温升高等症状。严重时，将出现恶心、呕吐、脉搏快而细弱、精神失常、虚脱抽搐、血压下降，甚至昏迷。

处理：迅速将患者移至通风、阴凉处，解开衣领，冷敷额部，用温水擦身，并给予含盐清凉饮料，数小时后即可恢复正常。严重患者，经临时处理后，应迅速转送医院治疗。

预防：在高温炎热季节锻炼时，应适当减少运动量，缩短运动时间，避免在烈日下长时间锻炼。夏天在室外锻炼时，宜穿浅色衣服，戴遮阳帽；在室内锻炼时，应有良好的通风，并注意服饮低糖含盐饮料。

（六）运动性贫血

我国成年健康男性每 100 毫升血液中含血红蛋白量为 12.5~16 克，女性为 11.5~15 克。若低于这一生理数值，则被视为贫血。因运动引起的这种血红蛋白量减少，称为运动性贫血。

病因：①由于运动时机体对蛋白质与铁的需求增加，一旦需求量得不到满足，即可引起运动性贫血。②运动时，脾脏释放的溶血卵磷脂能使红细胞的脆性度增加，加上剧烈运动时血流加快，易引起红细胞破裂，从而导致运动性贫血。③少数学生由于偏食或爱吃零食，影响正常营养摄入，或长期慢性腹泻，影响营养吸收，运动时常出现贫血现象。

征象：运动性贫血发病缓慢，平时表现为头晕、恶心、气喘、体力下降，运动后出现心悸、心率加快、脸色苍白等。

处理：如运动中（后）出现头晕、无力、恶心等现象，应适当减少运动量，必要时暂停运动。补充富含蛋白质和铁的食物，口服硫酸亚铁片剂和维生素 C，对缺铁性贫血的治疗有明显的效果。

预防：锻炼时，要遵循循序渐进原则，并改正偏食习惯。

（七）游泳性中耳炎

原因：游泳时，当水进入外耳道后，使鼓膜泡软，可引起鼓膜破损，细菌进入中耳而形成。此外，游泳时呛水，细菌也可能从咽鼓管进入中耳而引起。

征象：表现为耳内剧烈疼痛，有时还会引起发热和头痛，也可见黄色液体从外耳道流出。

处理：停止游泳运动，用生理盐水和碘伏清洗消毒，送医院治疗。

预防：游泳时可用耳塞堵住外耳道口，防止水进入耳道内。若耳内灌水，可采用头偏向耳朵有水一侧，用同侧腿进行原地跳的方法使水震动排出，然后擦干外耳道，切忌挖耳。患感冒、上呼吸道感染时应停止游泳。

（八）常见运动创伤的急救及处理

在体育运动中难免会出现运动创伤，一旦发生，就应迅速正确地急救与处理。急救原则是挽救生命第一，如因骨折疼痛而引起休克，应先处理危及生命的休克而后做骨折的固定。

出血：血液从破裂的血管流出，称为出血。据研究，健康成人每千克体重平均有血液 75mL，全身总血量 4~5L。若一次出血达全身总血量的 10% 对身体没有伤害。急性大出血达总量的 20% 时即可出现乏力、头晕、面色苍白等一系列急性贫血症状。当出血量超过全身血量的 30% 时，将危及生命。因此对有出血的伤员，尤其是大动脉出血的，必须在急救的早期立即给以止血。

止血的手段方法很多，在没有药物和医疗器械的条件下，现场急救的常用方法有：①冷敷法。冷敷可降低组织温度，使血管收缩，减少局部充血，还可抑制神经的兴奋，从而达到止血、止痛、减轻局部肿胀的作用。此法适用于急性闭合性软组织损伤，受伤后立即施用，一般常用冷水或冰袋敷于损伤部位。冷敷与加压包扎和抬高伤肢同时应用，效果更佳。②抬高伤肢法。此方法用于四肢出血，抬高伤肢，使伤处血压降低，血流量减少，达到减少出血的目的。一般常和绷带加压包扎并用，对小血管出血有效，对较大血管出血，只能作为一种辅助性止血方法。③压迫止血法。此方法可分为直接压迫伤口止血和压迫止血点止血两种。直接压迫伤口止血有两种方法：一是用绷带加压包扎伤口止血。可先在伤口上覆以无菌敷料，再用绷带稍加压力包扎起来，此法适用于小动脉、静脉和毛细血管出血。二是指压止血。用指腹或掌根直接压迫伤口，此法简便易行，但违背无菌操作原则，容易引起伤口感染。因此，不在十分紧急的情况下，不应轻易使用。压迫止血点止血，用手指指腹压在出血动脉近心端相应的骨面上，暂时止住该动脉管的血流。这种止血方法操作简便，止血迅速，是一种临时性止血的好方法。

骨折及骨折临时固定：骨的完整性遭到破坏的损伤，叫作骨折。骨折可分为闭合性骨折与开放性骨折两种。前者皮肤完整，治疗较容易；后者皮肤破裂，骨折端与外界相通，容易发生感染，治疗较难。运动中发生的骨折多为闭合性骨折，它是严重的损伤之一。骨折的诊断需借助 X 线检查。

如创伤当时怀疑有骨折，应用夹板、绷带把怀疑骨折的部位固定、包扎起来，使伤部不再活动，称为临时固定法。这是骨折的急救方法，其目的是减轻疼痛、避免再操作和便于转送。

如有休克，应先抗休克，后处理骨折；如有伤口出血，应先止血，包扎伤口，再固定骨折。临时固定的注意事项：第一，固定前不要无故移动伤肢。为了暴露伤口，可剪开衣服，不要脱，以免因不必要的移动而增加伤员的痉挛和伤情。对于大腿、小腿和脊柱骨折，应就地固定。第二，固定时不要试图整修复，如果畸形很厉害，可顺伤肢长轴方向稍加牵引。第三，夹板的长度和宽度，要与骨折的肢体相称，其长度必须超过骨折部的上、下两个关节。如果没有夹板，可就地取材（如树枝、木棍、球棒等）或把伤肢固定在伤员的躯干或健肢上。夹板与皮肤之间应垫上软物，如棉垫、纱布等。第四，固定的松紧要合适、牢靠。过松则失去固定的作用，过紧会压迫神经和血管。四肢骨折固定时，应露出指（趾）尖，以便观察血液循环情况。如发现指（趾）尖苍白、发凉、麻木、疼痛、浮肿和呈青紫色征象时，应松开夹板，重新固定。

第三节　心理健康与体育锻炼

现代健康的目标是追求一种更积极的状态、更高层次的身心协调与发展。良好健康的个性心理有利于正确认识和适应复杂社会的生活现实，有利于营造健康和谐的生活，有助于发挥心理潜能，提升创造力。因此，对大学生心理健康的教育已渗透到各门学科。现代医学和体育科学的研究表明，体育锻炼是增强健康的法宝。究竟什么是心理健康？体育锻炼对心理健康的益处表现在哪些方面？本节将对这些问题进行讨论和叙述。

一、大学生心理健康概述

（一）大学生心理健康的概念

对于心理健康概念的认识许多学者持有不同的观点，较有代表性的有《简明不列颠百科全书》对心理健康的定义：心理健康是指个体心理在本身及环境条件许可的范围内所能达到的最佳功能状态，而不是指绝对的十全十美的状态。日本的松田岩男指出，心理健康是指人对内部环境具有安全感，对外部环境能以社会上认可的形式来适应，即个体遇到任何障碍和困难问题，心理都不会失调等。第三届国际心理卫生大会认为，心理健康是指在躯体上、智能上、情感上与他人的心理健康不相矛盾的范围内，将个人心境发展成最佳状态。

综合各种认识，并针对大学生这一特殊群体，笔者认为，大学生心理健康是指大学生在大学期间应对学习、就业以及处理各种现实问题时所表现出良好的社会适应性，并能充分发挥其身心的各种潜能，在具体的行为过程中所具有的一种持续的积极的内部状态。

（二）大学生心理健康的标准

大学生的年龄一般在 18~25 岁之间，从心理学的观点来看，正处于青年中期。大学生的心理具有青年中期的许多特点，但作为一个特殊群体，大学生又不能完全等同于社会上的青年。心理是否健康一般采用量表测量，其标准不是固定不变的。心理健康标准随着时代的变迁、文化背景的变化而发生变化。根据我国大学生的实际情况，评判大学生的心理健康水平应从以下几个标准给予着重考虑：

1. 智力正常

智力，是人的观察力、注意力、记忆力、想象力、思维力、创造力及实践活动能力等的综合，包括在经验中学习或理解的能力、获得和保持知识的能力、迅速而成功地对新情境做出反应的能力、运用推理有效地解决问题的能力等。这是大学生学习、生活与工作的基本心理条件，也是适应周围环境变化所必需的心理保证。因此，衡量大学生的智力是否正常，关键在于其是否正常地、充分地发挥了自我效能，即有强烈的求知欲，乐于学习，能够积极参与学习活动。

2. 情绪健康

其标志是情绪稳定和心情愉快，包括的内容有：愉快情绪多于负性情绪、乐观开朗、富有朝气，对生活充满希望；情绪较稳定，善于控制与调节自己的情绪，既能克制又能合理宣泄自己的情绪，情绪的表达既符合社会的要求又符合自身的需要，在不同的时间和场合有恰如其分的情绪表达；情绪反应与环境相适应，反应的强度与引起这种情境相符合。

3. 意志健全

意志是人在完成一种有目的的活动时进行的选择、决定与执行的心理过程。意志健全者在行动的自觉性、果断性、顽强性和自制力等方面都表现出较高的水平。意志健全的大学生在各种活动中都有自觉的目的性，能适时地做出决定并运用切实有准备的方式解决所遇到的问题，在困难和挫折面前，能采取合理的反应方式，能在行动中控制情绪和言而有信，而不是行动盲目、畏惧困难，顽固执拗。

4. 人格完善

人格是个体比较稳定的心理特征的总和。人格完善就是指有健全统一的人格，个人的所想、所说、所做都是协调一致的。人格完善包括人格结构的各要素完整统一，具有正确的自我意识，不产生自我同一性混乱，以积极进取的人生观作为人格的核心，并以此为中心把自己的需要、目标和行动统一起来。

5. 自我评价正确

正确的自我评价是大学生心理健康的重要条件。大学生在进行自我观察、自我认定、自我判断和自我评价时，能做到自知，恰如其分地认识自己，摆正自己的位置，既不以自己在某些方面高于别人而自傲，也不以某些方面低于别人而自卑；面对挫折与困境，能够自我悦纳，喜欢自己，接受自己，自尊、自强、自制、自爱适度，正视现实，积极进取。

6. 人际关系和谐

良好而深厚的人际关系，是事业成功与生活幸福的前提。其表现为：乐于与人交往，既有广泛而深厚的人际关系，又有知心朋友；在交往中保持独立而完整的人格，有自知之明，不卑不亢；能客观评价别人和自己，善取人之长补己之短，宽以待人，乐于助人，积极的交往态度多于消极态度，交往动机端正。

7. 社会适应正常

个体应与客观现实环境保持良好秩序。既要进行客观观察以取得正确认识，以有效的办法应付环境中出现的各种困难，不退缩，又要根据环境的特点和自我意识的情况努力进行协调，或改变环境适应个体需要，改造自我适应环境。

8. 心理行为符合大学生的年龄特征

大学生是处于特定年龄阶段的特殊群体，应具有与年龄与角色相适应的心理行为特征。大学生心理健康的标准是一种理想尺度，它不仅为人们提供了衡量心理是否健康的标准，同时也为人们指出了提高心理健康水平的努力方向。如果每个人在自己现有基础上能够做不同程度的努力，都可追求自身心理发展的更高层次，从而不断发挥自身的潜能。大学生心理健康的基本标准，使他们能够进行有效的学习和生活。如果正常的学习和生活都难以维持，就应该及时予以调整。

（三）大学生心理健康的主要特征

我国大学生心理健康的状况有下述特征：

（1）大学生心理健康水平符合正态分布的规律，多数人是健康的。据湖北大学等校以心理健康的六个特征（生活态度、学习动机、自我观念、情绪状态、自控能力和人际关系等）作为尺度编制问卷所进行的测试，发现接受测试的 14 个系 672 名大学生的心理健康水平，是按"中间大，两头小"的正态规律分布的，即大多数学生的心理状况是健康的，心理不健康（包括有心理问题和轻度神经症者）的学生只占少数。

上述调查还发现，大学生心理健康水平随年级的上升而提高，特别是生活态度与学习动机两项，年级越高，得分越多。只有人际关系一项在各个年级之间波动较大。这说明我国大多数学生心理的发展是健康的。

（2）大学生心理健康的主要问题是成长和发展中的矛盾。大学时期是个人成长过程中又一次面临新的心理矛盾发生、转化而趋向成熟的时期。这个时期产生的心理矛盾，有环境适应问题，有学习问题，有人际关系问题，有自我观念问题，有恋爱问题，还有进一步升学和就业的问题。这些问题是每一届大学生都会面临的。

大学生从入学开始，就面临对环境的适应。他们离开了家庭，离开了中学时熟悉的老师和同学，来到了大学这个陌生的环境。新的学校生活、新的学习秩序、新的老师和同学关系都使一年级新生感到生疏而一时间难以适应，尤其是新的人际关系使他们感到难以适应。

到了三四年级，恋爱问题、择业问题等又成为引起困惑和焦虑的问题。这些问题都影响着大学生的思想和情绪，但又都是大学生成长中正常的心理问题，不属于不正常的心理障碍或心理疾病。

（3）大学生是心理障碍的高发群体。心理障碍是所有心理与行为失常的总称，通常所说的精神疾病、心理异常和变态行为都属于心理障碍。心理障碍可分为神经症、精神病和变态人格等三种类型，这三种类型又可以细分为各种不同的心理疾病。

近几年来，国内许多大学应用《SCL~90症状自评量表》对大学生的心理障碍进行测查，发现该量表所测的10项因子中，除躯体化一项外，其他各项因子皆显著高于国内成年人的常模。这些测查结果都表明，大学生是心理障碍的高发群体。有的调查甚至认为有心理障碍的大学生竟占全体学生数的30%~40%。这些调查认为，大学生心理健康的总体水平低于同年龄青年和正常成年人。

二、大学生心理健康的内容

关于大学生心理健康内容的研究范围十分广泛，涉及大学生发展的各个方面，概括起来大致有以下几个方面：

（1）思想道德与心理健康。在教学过程中对学生进行兴趣、动机、需要、情操、理想、人生观、价值观等动力性心理因素的学习和指导，使学生了解需要、动机与人生观、价值观的关系，明确培养良好的兴趣爱好是心理发展的起点，合理调节需要，激励健康动机是心理发展的动因，而树立健康向上的人生观、价值观则是心理健康发展的根本需求。

（2）自我意识与心理健康。对大学生自我意识与自信心的心理知识和培养技能的学习和指导，使学生学会准确地了解自己，并树立坚定的自信心。

（3）人格与心理健康。对气质、性格与人格的心理知识和塑造技能的学习和指导，使大学生学会自觉地矫正不良个性，培养健康的人格。

（4）学习与心理健康。对大学生进行由注意、观察、记忆、思维、想象等构成的智力心理知识和由兴趣、动机、意志构成的非智力心理知识的学习，并进行学习心理调节技能的指导，使他们迅速适应大学的学习生活，并掌握学习的技能。

（5）创造与心理健康。创造心理的学习与指导，培养大学生的创造个性，并训练其创造性思维，使他们学会求知创造，不断提高其创造力。

（6）人际交往与心理健康。通过有关待人接物、交往交友的人际关系心理知识与技能的学习与指导，使学生掌握人际交往的原则，养成乐群、合群、益群、友群等心理品质，提高交往能力，通过优化人际关系以提高生命质量。

（7）恋爱及心理健康。通过有关青春晚期、成年早期身心变化规律及恋爱心理知识和应付技能的学习和指导，使之适应身心发展规律，学会自立、自理、自护、自爱、自强、自尊。

（8）情绪与心理健康。通过情绪、情感、意志等控制心理知识和调控技能的学习和指导，使学生养成自觉性、果断性、坚持性、自制性等良好的心理品质，增强学生对自我的控制调节和约束能力。

（9）挫折与心理健康。通过学习挫折心理，了解挫折及其情绪反应，锤炼优良的意志品质，培养挫折承受力。

三、不同运动项目对大学生心理健康的促进策略

（一）体育对心理健康的影响

从已有的研究成果来看，体育对心理健康的积极影响主要表现为以下几个方面：

1. 体育运动能促进认识能力的发展

体育运动各项目都有一个共同的特点，即在运动或高速运动中要求运动者既能对外界物体（如球、器械等）做出迅速准确的感知与判断，又能迅速感知、协调自己的身体以保证动作的完成。这样长期的运动便能促进人感觉、知觉能力的发展，提高人的反应速度和直觉判断能力，使人变得敏锐、灵活。

2. 提高唤醒水平

唤醒是指身体的激活水平，对唤醒水平的愿望随任务的要求、环境和个性的不同而不同。例如一个性格外向的人，在舒适的环境中从事一项令人厌倦的工作时他最需要提高唤醒水平。一般认为，体育锻炼能提高人的唤醒水平是由各种感觉信息的输入造成的。体育活动只有达到一定的运动量才能导致唤醒水平的提高，才能维持对消极情绪的长期控制；相反，在一个舒适愉快的情景中，慢跑只能产生放松效果，不能提高唤醒水平。体育活动对于精神不振、心境较差的人具有显著的治疗和调节作用，可以使其摆脱烦恼，振奋精神。

3. 降低应激反应

应激是指个体对应激源或刺激所做出的反应。目前的研究认为，应激反应是一种包含应激源、个体对应激源的评价以及个体的典型反应等因素作用的过程。应激有积极应激和消极应激之分。在生活和工作中，人需要一定程度的应激，这有助于提高生活的质量和工作的效率，但过分的应激反应对健康有害无利。

通过体育锻炼可以降低应激反应，是因为肾上腺素受体的数目或敏感性，降低心率和血压而减轻特定的应激源对生理的影响。科巴沙（Kobasa）指出，因为体育活动可以锻炼人的意志，增加人的心理坚韧性，体育活动具有减轻应激反应以及降低紧张情绪的作用。

经常参加体育活动的人更少产生生理上的应激反应，如果有应激反应，也能尽快地从中恢复过来，尤其是从事有氧运动，如跑步、轻快的走路、游泳、自行车、舞蹈、跳绳等，对人的意志品质影响甚大。

4. 消除疲劳

在从事体育活动时保持良好的情绪状态，中等强度的活动量就能减少疲劳。有研究表明，体育活动能提高最大吸氧量和最大肌肉力量等生理功能，减少疲劳。因此，体育活动对治疗神经衰弱具有特别显著的效果。

5.增加社会联系

随着我国城镇化建设的进程不断加快，许多生活在城市的人越来越缺乏适当的社会联系机会。体育活动是一种很好的增加人与人之间相互接触的形式。通过与他人的接触，可以使个体忘却烦恼和痛苦，消除孤独感，集体性体育活动能够增加社会满足感。研究证明，体育活动对于治疗孤独症和人际关系障碍有显著的作用。

6.治疗心理疾病

根据基恩（Kyan）的调查，1750 名心理医生中，80% 的人认为体育锻炼是治疗抑郁症的有效手段之一，60% 的人认为应将体育活动作为一个治疗手段来消除焦虑症。临床研究表明，通过参加一些如慢跑、散步、徒手操等身体练习能有效地减轻焦虑和抑郁症状，增强自信。除此之外，有关体育锻炼的心理治疗效应还反映在对精神分裂症、酒精和滥用药物、体表体型症状的研究等方面。

对于一个健康人来说，进行长期体育锻炼就会有促进心理健康的效益，对于一个患有心理疾病的人来说，这种效益就会更加明显。有一项研究表明，进行 8 周的体育锻炼后，精神病患者的抑郁状况得到了明显改善。另有研究表明，进行有氧练习的学生，其心境状况改善程度比控制组大，特别是那些练习前存在情绪问题的学生其心境状态改善的程度最为明显。人们参加某个项目运动并坚持锻炼，他的生理技能、身体素质将会得到改善，也会相应掌握并发展一些运动的技能和技巧。由此，个体会以自我锻炼反馈的方式传递其成就信息与大脑，从而获得自我成就的认知和情感体验，产生愉快、振奋和幸福感。因此，适宜的体育锻炼能使有心理障碍的个体获得心理满足，产生积极的成就感，从而增强自信心，摆脱压抑、悲观等消极情绪，并消除心理障碍。

就目前而言，这些心理疾病的病因以及体育锻炼有助于治疗心理疾病的基本机制尚未完全清楚，但体育锻炼作为一种心理治疗手段在国外已逐渐开始流行起来。在学生中，通过体育锻炼可以减缓或消除由于学习和其他方面的挫折引起的焦虑和抑郁等症状，为不良情绪的宣泄提供一种合理有效的手段，防止心理障碍或疾病的发生。

7.提高自信，完善自我

在体育锻炼和竞赛中，特别是参加个人擅长的运动项目，能在身体完成各种复杂动作的过程中，在与同伴默契配合中，在与对手斗智斗勇的拼搏中，在取得胜利的喜悦中，获得自我满足，提高自信心，并在训练和比赛中不断得到自我完善。

8. 调节情绪，陶冶情操

体育运动对心理健康影响的主要标志之一就是情绪状态，情绪是人的自然需要是否得到满足而产生的一种体验。情绪几乎参与人的所有活动，对人的行为活动起着巨大的调节作用。而体育活动能直接给人带来愉快和喜悦，并能降低紧张和不安，从而调控人的情绪，改善心理健康。伯格（Berger）研究认为，有规律地从事中等强度（最大心率的 60%~75%）活动的锻炼者，每次活动 20~30 分钟，有利于情绪的改善。有些研究人员发现，运动可减少情绪上的负担，甚至能减轻因精神压力的偶发事件而造成的心理负担。通过运动行为的替代作用，减轻或消除情绪障碍。大学生在从事繁重的学习后，参加轻松活泼的体育活动，如练习韵律体操和舞蹈，在优美的音乐旋律中进行活动，欢快的情绪油然而生，并在思想情操上得到陶冶，使人的精神为之振奋。

总之，体育锻炼能有效地促进智力的发展、调节情绪、培养良好的意志品质、增强自我概念、改善人际关系、增进心理健康，使个体发挥出最优的心理效能。

（二）影响体育锻炼产生良好心理效应的因素

影响体育锻炼产生良好心理效应的因素很多，主要有：是否喜爱体育锻炼并能从中获得乐趣，运动的方式、运动项目及运动量是否适宜，体育锻炼是否长久坚持。

1. 喜爱体育锻炼并从中获得乐趣

这是体育锻炼产生良好心理效益的基础。如果对体育锻炼没兴趣就很难从中获得乐趣，就不可能产生满足感和良好的情绪体验。因此，努力学习体育锻炼的有关知识，正确认识与理解体育锻炼的价值与作用，加强课内体育教学与课外体育活动的衔接，培养广泛的体育兴趣对提高体育锻炼的良好心理效应具有重要意义。

2. 体育锻炼的运动方式

按人体在运动中的能量代谢方式，可将所有运动分为有氧运动、无氧运动和混合运动。研究表明，体育锻炼时以有氧活动为主，采用有重复性与有节律的身体活动（如慢跑、游泳、骑自行车、跳绳、健美操等），可以取得更好的愉悦身心的效果。

3. 运动项目

不同的运动项目或运动形式所获得的心理效应是不同的。尽量避免那些激烈竞争项目，可多选择一些以个人进行的项目，这样无论是运动时间、空间、动作节奏等更易于个人控制，锻炼者可更随意、更自由地进行，更容易获得良好的情绪体验。

4.运动强度及时间

要想获得较好的健身效果，运动强度应以中等强度最佳，即心率控制在最高心率（最高心率=220－年龄）的60%~80%。运动强度过强易产生紧张感和疲劳感，一次锻炼的持续时间应至少20~30分钟；而每次少于20分钟的运动，很可能心理效应尚未出现，身体活动就停止了；而时间过长又可能造成厌倦、疲劳，引起不良情绪。

5.体育锻炼应持之以恒

有研究报道，身体练习的系统性越强，体育锻炼所产生的良好心理效应就越明显。这表明只有长期坚持体育锻炼，养成习惯，才可获得良好的健身效果。

（三）不同运动项目对心理健康促进的价值

对于个体来说，参加体育锻炼能否取得良好的心理效应关键在于其是否能从活动中获得乐趣并感到愉悦。运动愉悦感是一种积极的情绪体验，如果活动参与者不能从体育锻炼中体验愉悦，个体就很难持久地坚持下去，体育锻炼就很难产生积极的心理效应。研究表明，体育锻炼中体验到的愉快感具有直接的心理健康效应。对于那些长期参加体育锻炼的锻炼者来说，愉悦感是他们能够坚持下来的主要原因。

（1）选择足球、篮球、排球以及接力跑、拔河等集体项目，可以帮助孤独、怪癖、不大合群、不习惯与同伴交往的人逐步适应与同伴的交往，并热爱集体。

（2）参加游泳、溜冰、滑雪、拳击、摔跤、单双杠、跳马、平衡木等项目，要求腼腆、胆怯、容易脸红、怕难为情的人，不断地克服害怕摔倒、跌痛等各种胆怯心理，以勇敢、无畏的精神去战胜一切困难。

（3）参加乒乓球、网球、羽毛球、拳击、摩托、跨栏、跳高、跳远、击剑等体育活动，在这些项目面前，优柔寡断、犹豫不决的人，任何犹豫、徘徊都将延误良机，遭到失败。

（4）参加下棋、打太极拳、慢跑、长距离的步行及游泳和骑自行车、射击等缓慢、持久的项目，能帮助遇事易急躁、感情易冲动的人调节神经活动、增强自我控制能力。

（5）参加公开的激烈的体育比赛，特别是足球、篮球、排球等项目，可以使遇事过分紧张，容易发挥失常（如考试）的人在形势多变、紧张激烈的赛场上变得沉着冷静。"久经沙场"，遇事就不会过分紧张。

（6）选择一些难度较大、动作较复杂的技巧性活动，如跳水、体操、马拉松、艺术体操等体育项目，也可找一些实力超过自己的对手下棋、打乒乓球或羽毛球等，不断提醒自负、逞强的人"山外有山"。

（四）常见心理问题的体育疗法

1. 急躁、易怒的体育疗法

倘若你遇事容易急躁，感情容易冲动，可参加下棋、慢跑、长距离步行及游泳等缓慢、持久的项目。这些体育活动能帮助调节神经活动，增强自我控制的能力，稳定情绪，使容易急躁、冲动的弱点得到改善。

2. 遇事紧张的体育疗法

遇到重要事情容易紧张、失常的学生，可参加公开的、激烈的体育竞赛，如篮球或竞技性强的游戏。因为场上形势多变，比赛紧张激烈，只有冷静沉着地应对，才能取得优势。若能经常在这种场合中接受考验，久经沙场，那么遇事就不会过分紧张，更不会惊慌失措，从而给学习工作带来益处。

3. 孤独、怪癖的体育疗法

如果你感觉到自己不合群，不习惯与同伴交往，就应选择篮球、接力跑、拔河等集体项目。坚持参加这些集体项目的锻炼，会帮助自己慢慢地改变孤僻的习性，逐步适应与同伴的交往，并热爱集体。

4. 腼腆、胆怯的体育疗法

有的学生胆子小，做事怕风险，容易脸红，易难为情，那么就应该多参加溜冰、单杠、越过各种障碍物等项目活动。这些运动要求人们不断地克服害怕摔倒、跌疼等各种胆怯心理，以勇敢无畏的精神去战胜困难，越过障碍。

5. 自负、逞强的体育疗法

如果你发现自己有好强、自负的特征，就应该选择一些难度较大、动作较复杂的活动，像长跑、技巧等体育项目。喜欢下棋、打球的话，就尽量找一些实力水平超过自己的对手进行比赛，来不断地提醒自己"山外有山"，万万不能自负、骄傲。

体育锻炼作为心理纠正的治疗方法，还要注意有一定的强度、质量和时间要求。每次锻炼时间在 30 分钟左右，运动量从小到大，循序渐进，同时还要防止发生意外事故。

第三章 体育教学概述

第一节 体育教学的概念和性质

一、体育教学的概念

（一）教学的概念

为了更好地理解体育教学的概念，首先可以对教学的概念进行分析。总的来看，对教学的概念的理解可以分为广义和狭义两个方面。

从广义的角度来看，教学是一种在某种特定形势下开展的教育活动。在这一活动中，负责传授某种知识或特定技能的教学者对受教者进行教育，从而让受教者获得这种知识或技能的活动。其中的教学者可以是教育者，也可以是某种知识的掌握者；所教授的内容可以是一种知识，也可以是某种技能。

从狭义的角度来看，教学是指单纯的学校教学，它由教师和学生两个教学主体协作完成，是以特定文化为对象的教与学相统一的活动。在教学活动中，教师扮演着组织者和指导者的角色。在新时期，有关教学的基本观念是：教学是教与学的统一，教融入学中，而学有教的组织引导。

通过对教学两个方面的概念理解之后，基本可以总结出教学的概念为：教学是在教育目的的规范下，教师的教与学生的学共同组成的一种教育活动。

（二）体育教学的概念

在分析了教学概念之后，再将其与体育相结合，就基本能够认定体育教学的概念。由此可见，体育教学与教学有着很多相似的地方，它也是一种有目的、有计划、有组织地对学生传授知识和技能，发展智力和体力，培养品德和形成个性的教育过程。

只不过其教学的内容为体育相关知识与技能，当然教学方法也与其他学科的教学方法有所不同。

体育教学并不是一种随意的、随心而行的教学活动，更不是完全的做游戏和娱乐活动，它需要很多要素的构成才可以正常、合理、科学地开展。一般来说，体育教学主要由以下八个基本因素组成：

1. 学生

学生是体育教学的主体之一，没有学生就不存在体育教学，没有学生就没有组织教学。总之，学生是体育教学中的主体因素，也是最活跃的因素。

2. 教师

教师是体育教学的主体之一，没有教师不可能存在体育教学，没有教师就没有体育教学中的"指导和组织者"。在现代体育教学中，体育教师已经不再是过去那种课程的忠诚执行者角色，而是在完成现有课程教学的基础上，还要成为体育课程的建设者和开发者。

3. 教学环境

教学环境是支持体育教学顺利开展的各种软件、硬件条件的综合。良好的教学环境对体育教学有着积极的影响。体育教学中对于一些运动项目的教学对场地条件和设施有着更高的要求。相比其他学科的教学来说，体育教学对教学环境的要求更高。

4. 教学目标

教学目标是教师开展体育教学的基本依据，体育教学没有了目标就变成了无头苍蝇，难以发展。在体育教学实践中具有多层次的体育教学目标，它们是体育教学中的定向和评价因素。

5. 教学内容

教学内容是由内容的实体（课程）和内容的载（教科书）共同组成的，它们是体育教师根据社会的要求、学科的体系和学生的需要选编出来的。没有教学内容，体育教学就显得格外空洞化了。

6. 教学过程

教学过程是教学的最中心因素，没有了体育教学过程，体育教学也就没有了时间和程序上的支撑，因此也就无从谈起教学的组织和管理。

7. 教学方法

教学方法与目标、教师、学生等因素有着密切的关系。它是教师根据教学目标和学生的学习情况选择的有效的教学技术和手段，其中包含帮助学生理解学习内容的各种信息及其传递方式。

8. 教学评价

教学评价与教学目标、教师有着密切的关系，它是教师根据具体的教学目标制定出的各种评价、考核指标。这些指标既包括教师的教学工作，也包括学生的学习情况。

综上所述，体育教学的概念，即是指在学校教育中，由体育教师和学生协同完成的，以传授体育知识和体育技能为手段，以增进学生身心健康，提高身体活动能力、自然和社会环境适应能力，培养良好的思想品德，促进个性发展为目标的教育过程。

二、体育教学的性质

在了解了体育教学的概念后，就要对其另一项基本知识进行研究，这就是关于体育教学性质的问题。事物的性质是与其他事物区分的最明显差异。性质不同的两种事物其带来的表象自然有一定的区别。就体育教学来说，正是因为它本身所具有的体育教学性质，才能明显区别于包括数学、语文、英语、艺术等其他学科。

因此，通过归纳可以找到体育教学的诸多特征。如它的教学地点多为户外；教学中师生都要承受一定运动负荷与心理负荷；教学过程是身体活动与思维活动的结合体，并且有比较频繁的人际交往；体育教学侧重于发展学生身体时空感觉以及运动智力；教学更加关注学生自我操作与体验；等等。

在体育教学活动中，最重要的一个形式就是对运动技能的教学，它是体育育人的主要方式。对于运动技能的传授也是体育教学与其他学科教学的主要区别之一。仔细来看，运动技能的形成要经历几个步骤才能最终实现，具体包括动作的认知阶段、联系阶段与完善阶段。在认知阶段中，学生与知识、技能之间的联系最为密切，它的主要目的就是学生对所学技能的结构、要素、关系、力量、速度等要素进行表象化的认识。由于运动技术是学生完成动作的方法，因此可以认为运动技术不具有人的特性，而只是作为一种"知识"，或称为"操作性知识"。

综上所述可以断定，体育教学的本质应该是一种针对运动技术和知识的教学。当学生学会了运动知识并将之转化为运动技能后，体育教学的本质就达成了。当然，活动地点大多在户外的条件也是体育教学区别于与其他教学的特征之一，但现代体育教学场所通常在室内的场馆也非常多见，如果坚持把"户外"作为条件之一，未免有些不严谨和片面。

第二节　体育教学的特点和功能

一、体育教学的特点

体育教学与其他学科教学有许多相似的特点。首先它们的共性在于都属于教师与学生的双边活动。这是所有教学活动的共性，教师与学生在教学活动中发生的各种形式的交流都非常频繁，如语言上的交流和肢体动作的交流等。以前这种交流更多的是从教师向学生的方向，现代教学同样也注重使这种交流从学生向教师的方向，不过教学仍旧依靠教师对学生在某种知识和技能方面的传授。其次，以班级为单位开展教学活动也是共性，只不过有些时候这个班级的组成方式会根据不同需要有不同的编排，如可以根据基础的自然班，或是根据学生的不同兴趣组成的体育教学班等。最后，体育教学与其他学科教学的目的都是一样的，都是传授某种知识或技能。

参加体育活动对学生身心发展具有很好的作用，特别是对正处在身体发育旺盛期的青少年及儿童具有更加重要的意义。在结合体育教学的性质后，可以把体育教学的特点归纳为以下几点：

（一）教学过程的直观性

体育教学过程拥有直观性特点。这种直观性有多种体现，如体育教师对体育教学内容的教授除了要达到与其他学科教师讲解要求一致外，还要求体育教师的语言更加生动，并且要富有一定的肢体表现能力，以使学生有形象、贴切、有趣的感觉。在某些拥有较难技术动作的体育运动教学中，教师一方面要把传授的重点进行艺术性的描述，另一方面要用生动的语言、巧妙的解释方法把复杂的技术动作简单化，提升学生对学习成功的自信心，加深学生对教学内容的感知。

实际上，体育教学过程中的每一项内容都具有直观性特点。除刚才说到的课堂讲解，在实践演示中也是如此。在教师运用示范法时，需要运用非常直观形象的动作示范，其中包括正确动作的演示和错误动作的演示，这些演示都非常直观地展现在学生眼前，并没有一丝做作。这样才会使学生从感官上直接感知动作的正确与错误，以利于他们建立正确的、清晰的运动表象。当学生获得正确表象后，才能使之与思维相结合起来，从而达到掌握体育知识、技术和技能的目的，同时还发展了自身的观察能力和形象思维能力。

从体育教学组织与管理过程方面也能够看到直观性的特点。鉴于教学过程的直观性，教师的行为也应该带有直观性，如要更加富有责任心、为人师表、德高望重，这对学生的身心也是一种无形的教育。另外，直观性特点使得学生在课堂上的表现都是最真实的、最直接的，任何伪装在体育教学活动中都是毫无意义的，因此学生在教学中表现出来的言行都是他们最真实的一面。这就非常有利于体育教师对学生的观察与帮助，有利于教师获得正确的教学反馈。

（二）体育知识的传承性

体育是以身体锻炼为主要形式的教育活动。如果从教与学的角度来说，可以将体育知识形容成一种"身体的知识"。这种知识伴随着人类的发展而发展，在不同时期都有它的发展形式。如在原始社会，身体的知识就是人类通过走、跑、跳、投、打等动作捕获猎物或逃避猛兽的追捕等行为。而在现代社会中，体育知识的传承内容变成了某项体育运动或体育技能，如足球、篮球、排球、乒乓球、游泳、田径和武术等专项运动技能。

现代教育越发注重教学过程中学生的主体性作用和"以人为本"的教育理念。人们对这种理念的追求使得人类自我知识的归类不仅代表了体育教学的特殊性，还给予了体育教学知识传承的特殊意义。从这个层面来看，这种体育教学所传承下来的体育知识已经超越了简单的模仿行为，而将更多的相关文化也融入其中。这些体育文化才是体育运动、体育教学等获得长久传承的动力和灵魂。

（三）身体活动的常态性

体育教学与其他学科教学的最大不同，在于在体育教学过程中充满了对身体活动的要求。在体育教学中，几乎所有内容都涉及身体活动，或者是为即将到来的身体活动做准备的活动，就是对作为"身体知识"的体育教学的最好诠释。在体育教学过程中，不仅是学生要进行具有一定运动负荷的运动，教师在做示范、做指导和参与到组队教学赛中也需要付出不少体力。所以体育教学身体活动常态性的特点不止针对学生，它包括所有体育教学主体。

由此可见，在体育课堂教学过程中，教师与学生的身体操练非常频繁，这种几乎与常态化的特点成为体育教学非常显著的特点。与之相比，其他学科的教学必须要在教室（实验室、多功能厅）内进行，且要保持相对的安静，这样才能激发学生的思维并产生很好的学习效果。而体育教学却刚好与之相反，其教学的地点多为户外或专用运动场馆，普遍较为宽阔，而且在大多数时间的运动技术练习环节并不需要保持安静，学生与学生之间、学生与教师之间都可以随时有相关的交流和沟通，如此才更有利于对运动技术的学习与教导。

（四）身体与心理的统一性

在许多人的概念中，身体与心理是两种不同的事物，彼此间并没有很多的交集。实则不然，现代科学研究发现，身体健康有助于改善心理健康，而心理健康与否也可以影响身体健康。另外有一种观点认为开朗的人热爱体育运动，而事实上则是因为人参加了体育运动，才开始变得开朗、阳光。这就是典型的运动改变心理的事例。因此，在体育教学活动中就充满了身体与心理统一的特点。

体育教学在乎对人身体的改造，与此同时它还强化人的心理与多种适应能力的发展。而在其他学科的教学中便无法达到这样的效果，这主要在于体育教学营造了不同种类的教学情境。这种情境表现出了十足的阳光、生动、积极、外露以及直观的感觉。一系列积极的情境才使得参与其中的人在潜移默化中受到感染，以此为学生的心理与社会适应能力的健康发展提供了良好的环境。

由此可以说，在体育教学中，人的身心发展看似是多元化的，但实际上是一种一元化的锻炼，即达到身体与心理的共同拓展和发展，表现出十足的统一性。身体发展是基础，心理发展依赖于身体的发展而存在，心理的发展同时促进身体的发展。具体来看，在体育教学中人的身体与心理的统一性主要体现在以下两个方面：

1.体育教学的教材内容选择要注重身体与心理的统一

体育教学内容是体育教学活动的依据。教学内容的好坏将直接影响教学效果。因此，为了体现出体育教学身心统一的特点，首先就要从教材选择环节开始，也就是说，选择的教学内容不仅要注重对学生身体各部分、各种运动能力和各种身体素质的积极影响，而且要注重教材对学生心理及其社会适应力的影响。所选教材的编排要符合该年龄段学生的心理特点，除此之外，还要满足其美学、社会学等其他方面的要求。

2.体育教师选择的教学方法要注重身心统一

由于与其他学科教学相比增加了更多的内容，因此，体育教学的方法也就更加丰富。选择体育教学方法主要是由体育教师进行的，为了使体育教学保有身心统一的特点，体育教学方法的选择就要关注到这方面的内容。通常为了体现这一特点，体育教师选择的教学方法都要遵循与学生年龄段相适应的身心变化规律，使学生在经常进行的体育教学活动中学习到正确的体育技术和技能，学生掌握这些技能的成长曲线并不是一路上涨的，而是有忽高忽低、忽快忽慢的过程和起伏变化的。另外，体育教学方法的选择还应符合学生的心理特点和年龄特点。与对体育技能学习的规律相似的是，学生在接受教学的同时，其心理活动也呈现出波浪式起伏的曲线现象。这种生理、心理负荷波浪式的曲线变化规律，体现了体育教学鲜明的节奏性和身心的和谐、统一性。因此，要想选择正确的、适合学生身心发展的体育教学方法，体育教师就必须根据学生的身心特点安排，如此才能在促进学生身体发展的同时，有效激发学生的积极性和兴趣爱好，更有效地发挥体育教学的功能。根据不同阶段学生的身心特点选择恰当的教学方法，也是评判一位体育教师综合水平高低的重要依据之一。

（五）教学内涵的优美性

体育教学内容是非常丰富的，它会涉及多种与体育相关的内容，不仅仅限于球类运动、游泳、田径，还包括如体育舞蹈、瑜伽等内容。通过对这些内容的学习，学生可以普遍从中体会到源自体育的丰富情感，这种情感几乎都从"美"中而来。

体育教学内容丰富的情感性首先体现在体育教学过程中，师生可以体会到只有体育才能赋予人的人体美和运动美。学生通过接受体育教学，掌握体育健身的方法和技能，以此达到运动塑身的效果，使身体外在形态保持优美的线条和良好的身材比例，同时在运动中，可以看到人体不同的动作展现出的动作美和肌肉的动态美。这种美只有在运动中才能看到，是极为外显的美。在内在精神方面，体育教学也蕴含着"美"的元素，如学生为了争取比赛的胜利而表现出的不畏强敌、奋勇争先的精神，在关键时刻始终保持冷静的心态，或是在运动过程中表现出谦虚、文明和有道德的风度等。

既然有美的存在，那么就要有欣赏美的人和能够欣赏美，懂得如何欣赏美的能力。每一项运动都向人们表现出了不同的美的特点和审美特征，如球类运动可以表现个人对球类技术的掌握能力，集体球类项目中除了个人能力外，还包含了与队友之间的协作和互助精神。这些内容都是人类积累下来的体育知识与技能，体育教师通过科学的概括和提炼，将其精髓传授给学生，意在使学生也能感受到体育中蕴含的美，并学着去享受它、感悟它。体育之美首先给人的最大作用就是陶冶情操，平衡人们的心理状态。其次，体育教学是一种创造性的社会活动，其创造的成果就是让学生获得内在的顿悟和精神上的启迪。同时，体育教学中教师和学生之间有一条无形的通道联系着，构成了教与学的系统。教师在传授知识的过程中，伴随着师生间丰富而真诚的情感交流。

（六）客观条件的制约性

正是因为体育教学涉及的内容较多，再加上与之相关的构成要素也同样较多，也就使得体育教学受到更多客观条件的制约，而这也是体育教学不同于其他学科教学的一大特点。具体来说，体育教学活动受到的制约因素主要有体育教学场地条件、器材、气候、学生运动基础、学生其他基本情况（年龄、性别、生理和心理特点）等。这些因素都会影响体育教学质量的高低。

学生是体育教学的主体之一，是体育知识与技能传授的受众。从这个角度来看，学生的诸多情况会对教学本身造成一些影响，因此体育教学要想进行得顺利，获得良好的教学效果，就要注重在学生的运动基础方面以及体质强弱等实际情况的区别对待，如男生与女生不同的身体形态、机能水平、运动能力等。根据这些差异，学校体育教育部门和体育教师在进行教学设计、教材选择和教学组织等方面的制定时就要充分考虑周全，否则不仅不能达到预期的教学效果，还可能会增加体育教学的风险。

体育教学环境是体育教学的场所。作为重要的教学载体，体育教学环境质量的高低对体育教学会产生较大影响。通过几个事例就可以很好地说明这个问题。如经常在室外开展的体育教学，如果面临的是严重的空气污染，或邻近马路带来的噪声污染，则势必会影响体育教学主体在教学活动中的状态与情绪；天气对室外体育教学的影响也是不容忽视的，如遇到雨、雪、大风等恶劣天气时，体育教学被迫停止，转而来到室内进行一些体育理论课的教学，如此势必影响体育实践课的教学计划顺利展开。

综上所述，在诸多客观条件的制约下，为摆脱不利条件的影响，体育教师就要从学年的体育教学计划到具体课时计划，从教材内容选择到教学组织方法实施，都必须考虑到这些客观实际与影响因素，尽量将制约因素的影响程度降至最低，提高体育教学的质量与效果。

二、体育教学的功能

（一）促进身体发展的功能

学生亲身参与体育运动实践在体育教学活动中是必不可少的。既然参与运动实践，就必然会使身体承受一定量的运动负荷。为保证学生身体的健康，运动负荷强度需要由体育教师酌情掌控。

合理的运动负荷对发展学生身体素质有极大的帮助，它对学生的机体会产生一定的刺激与影响，其影响程度要视运动项目的内容、学生身体素质、持续运动的时间、运动间隙时间、营养补充等状态而定。不同运动项目对身体的锻炼重点也有很多区别，如足球运动对人体的耐力、爆发力、速度和灵敏度有着较高要求，游泳对人体心肺功能和协调能力有较高要求等。因此体育教学具有促进身体素质发展的功能是毋庸置疑的，但同时也要注意的是，如果运动负荷过大，那么体育运动不仅对身体健康没有好处，反而会伤害学生的身体。为了把握合理的运动负荷，体育教师在制订教学计划前就要对学生的普遍体质与运动基础有一个基本清晰的认识。因此，从体育教学影响身体功能的角度来说，要有效发挥体育教学健身功效，必须遵循体育教学的规律，运用科学的教法与组织形式，才能达到预期的效果。

（二）促进心理健康的功能

世界卫生组织确定的现代健康新标准中，明确认定了心理健康也是评定人体健康的指标之一，我国自古也有"身心合一"的理论。经过长期的实践发现，体育教学在对学生身体产生积极影响的同时，也会对学生的心理与思想产生一定影响。这方面的影响与其他学科既有共性，也有差异性。体育教学促进心理健康的功能主要是通过教师传授来实现的，因为教师的一言一行无时无刻不影响着学生的思想，因此，教师必须身体力行、为人师表，为学生做出表率与榜样。这些行为都是在潜移默化中进行的，而不是安排几堂心理辅导课。教学更为重要的作用是传授各种人类社会的道德、规范与理念，这是学生走向社会之前的必学内容。

具体来说，体育教学对学生心理的影响主要包括个人心理与团体心理两个方面。

从个人心理方面来看，体育活动一方面可以缓解学生的学习压力；另一方面，参与体育运动就要频繁地面对成功与失败，其中失败和挫折的次数远远多于成功。由此可以培养学生在逆境中正确处理心态的能力，作为胜利者也要做到戒骄戒躁，只有具备这样的素质，才能再接再厉，获得成功。

从团体心理方面来看，学生作为体育运动团队中的一员，需要处理好个人利益与集体利益的关系，应抱有克服一己私欲、顾全大局的思维行事。

（三）提升社会适应的功能

现代社会的发展非常迅速，这使得人们稍有停留便会被潮流抛弃。对于青年来说，紧跟社会潮流，并且在跨入社会后能够与之较好地融合、适应是非常关键的，这是体现人的软实力的标准之一。在体育教学中，学生之间的交往具有特殊性、外显性与频繁性，学生在多样的体育活动中会产生多种身体之间的交流，交流的同时也传播着各种体育竞赛的规则，竞赛规则就好似社会规则，需要人人自觉遵守。由此可以说，体育教学环境就像是一个微缩化的社会，这个社会赋予了学生需要遵循的各种规则与准则。若不遵循，必然受到惩罚；若表现突出，则得到表扬称赞。执行这个法则的人就是教师。因此，教师必须公正，才能对学生产生良好的影响，培养学生良好的体育道德规范，进而培养学生适应未来社会的各种道德规范与做人理念。

（四）传授运动技术的功能

在远古时期，运动技能就等同于生存技能。那时的人类通过走、跑、跳、投、打等行为捕猎和采摘，以获得生存的能量。而现代社会早已物质丰盛，对人体的要求就不再像过去那样严格。现代运动技术也演变为丰富的体育运动技术，如球类、武术、田径和游泳等。科学研究表明，适当参加体育运动对人的身心素质提升均有较大帮助。最终，体育教学就成为传授这些运动技术的最好方式。

从具体的实践角度来分析，学生每周都要参加的体育课堂就是体育教学的最小单位，体育课堂的基本活动过程，就是体育教师以体育教学内容为依据对学生传授体育知识与相关技能的双向信息传送活动。因此，运动技术就成为体育教学的主要内容，也是重要内容。运动技术不同于其他学科的学习，它不仅需要学生对运动理论知识有深刻的了解，还要身体力行地亲身参与技术练习，在无数次的重复中逐渐在脑中和身体上建立起对技术的表象反应，最终到熟悉动作以及可以在下意识的情况下做出正确的动作。因此，对于运动技能的训练，没有实践就无法学会。

对于运动技术的传授，体育教师是关键。作为运动技术的掌握者和传播者，教师在体育课中传授的是各项具体运动技术，如足球运动中的传球技术，甚至可以细分到内脚背传球技术。其他运动项目的技术传授也可以依此类推。体育教师对运动技术的传授通常都会从简单的、入门的、基础的入手，在此之后逐渐积累，循序渐进，只有从小的运动技术学起，才能积少成多，掌握整个运动项目的技术。

（五）传承体育文化的功能

体育教学并不是简单地对体育运动技能和相关知识的传授活动，这些只是表面上的行为，而体育教学真正的目的在于教会学生正确的体育运动方法，使其能在未来的生活中对身心产生持续良好的影响，更是一种体育文化的传承。

从体育教学的系统结构视角出发，体育教学是由每周2~3次的体育课组合而成的、一种贯穿全年的教学计划。其中根据教学周期的不同可以分为课程教学、周教学、学期教学和学年教学。比学年教学周期更长的就是小学体育教学、初中体育教学、高中体育教学和高校体育教学。

从单一一堂体育教学课的视角出发，可以把体育课中传习的各种小的运动技术累加起来，学生学到的是某个运动项目的完整技术，继续累加，就学到了各种运动技能。

综合两种视角，使得学生通过不同阶段的体育教学，学习到较为完整的运动知识、运动文化，掌握各种运动技能，从而达到体育教学传承体育文化的目的。

第三节　体育教学的原则和规律

一、体育教学的原则

原则，即人们说话办事依据的准则和标准。教学原则，则是根据各种不同的教学因素，把同类性质的因素加以科学的抽象和概括而形成原则（直观性原则、自觉性原则和教育性原则等）。体育教学原则，是体育教学过程客观规律的反映，是在长期的体育教学实践中积累起来的、具有普遍意义的经验的总结和概括，是体育教师进行教学工作必须遵循的准则。体育教学原则与其他的原则不同。同样，体育教学与其他的教学也不等同。二者最根本的不同在于体育教学突出认识和实践。从而得出，认识和实践的有机统一是体育教学区别于其他教学过程的根本特征。然而最终的目的是，希望教师合理地运用体育教学原则，促进学生的身心健康全面发展。

（一）中国的体育教学原则

体育教学原则在各个不同时期均有不同的发展，不同的国家，体育教学原则略有不同，然而，大体上又一致认同。中国的体育教学原则一般有自觉积极性原则、直观性原则、从实际出发原则、循序渐进原则、全体全面发展原则、合理的运动负荷原则、巩固提高原则等。

（二）体育教学原则的运用

体育教学原则保证体育教学的顺利进行，所有的教学原则相辅相成。

1. 直观性原则

对于直观性教学，要求教师给予学生一个正确的直观概念。教师应抓住重点，生动形象、语言简短明了地进行讲解，可以让学生反复地进行一个动作的练习，使学生的感觉器官建立暂时的神经联系，形成正确的动作定型。

2. 巩固性教学原则

这一原则，有助于学生动作的熟练和形成更加标准的动作。目的就是多加练习，形成一种肌肉记忆，再做到熟能生巧。比如，在篮球运动项目中，学习篮球运球、急停、转身、传接球时，为了巩固转身这个动作，可以把急停、转身、传球贯穿进去。三天不练手生，如在网球教学中，长时间不练网球发球，随之抛球的稳定性、发球的成功率均会下降，此时就需要多加练习进行巩固，这一原则尤其是对刚接触项目的学生而言，巩固练习，形成正确的技术动作。

3. 合理的运动负荷原则

这一原则要求教师在上课期间根据教材的特点、教学条件，考虑学生的实际情况，合理地安排教学内容，使学生不仅能更好地掌握技能，还能促进其身体的健康发展。教师合理地安排运动量和运动强度。通俗来讲，这里的运动量与运动强度并不是同一概念，运动量指的是次数、组数、重量时间等，而运动强度指的是完成练习所用力量的大小，比如负重的重量、跳的高度、跑的距离等，合理地安排运动量与运动强度，量大则运动强度小，运动强度太大，则相应减少运动量。保证在学生承受最大疲劳限度的情况下，根据实际情况来合理安排。

4.循序渐进原则

循序渐进原则，从字面就表现出由简到难、由一般到复杂的过程。逐步进行，不断提高。比如网球的正手击球，首先要从握拍开始，到准备姿势，到引拍上步，再到挥拍，再到准备姿势，这样一个完整的过程，练习者开始可以做无球的动作练习，再做有球的原地击球动作练习，最后做有球移动的动作练习，这样逐一练习，逐步进步。

5.启发式教学原则

采用启发式教学可提高学生学习的积极性，调动学生的积极思维，加深学生的理解和认识、牢记动作、少出现反复。启发学生主动去思考去领悟。比如在排球发球的教学中，通过生活当中甩鞭子的一个动作，启发学生做发球动作时一次用力地发力顺序，或将其用于标枪等投掷项目当中，使学生能够举一反三，培养学生的自学能力。运用启发性原则，开发学生智能，调动了学生学习的积极性，科学地进行训练，取得事半功倍的效果。

此外，教学原则还有因材施教原则、超负荷原则、恢复原则等；无论哪一种体育教学原则，目的都是从学生的根本利益出发，提高学生的身体素质，促进学生的健康发展。

二、体育教学规律

体育活动，就是通过各种体育运动小组的活动和比赛，以及参加群体性的体育活动，使受教育者的身体得到多方面的锻炼，增强运动的技能和技巧，提高体育锻炼的兴趣。

（一）探索规律，组织体育教学

如何组织好体育课的教学工作，更好地为教学服务，是体育教学中的关键问题。

首先，教师要把握体育课自身特点，即通过身体的各种练习，使体力活动与思维活动紧密结合，掌握体育知识、技能和技巧；要遵循体育教学过程的规律，根据教学内容和学生情绪的不同，灵活组织教学。

其次，遵循体育教材特点，组织教学活动。体育包括田径、球类、技巧、武术、体操等多种教材，不同的教材有其不同的特性。因此，教师在教学中要善于把握教材特点，挖掘教材潜力，改革传统教学形式，充分调动学生学习主动性和创造性，提高教学效果。

最后，体育教学不仅要遵循体育规律，还要遵循学生身心发展的规律。

（二）丰富内容推进素质教育

体育教育是素质教育的有机组成部分，体育教育的目的就是通过初步学习和掌握体育的基本知识、基本技术和基本技能，完成锻炼身体、提高思想道德水平的任务，从而有效促进素质教育。

从体育活动的性质来说，有利于发展学生的特长和才能。学生在活动中自己教育自己，有利于学生自觉地去接受教育，养成良好的纪律和高尚的思想品德。

从体育活动的组织来说，形式多样，不拘一格，有利于学生的身心发展，有利于培养学生的观察力、思维力、想象力、创造力，有利于提高体育活动质量，提升学生综合素质。

从体育活动的目标培养来说，要培养学生"三种意识""四种能力"。所谓"三种意识"就是学生的参与意识、实践意识和竞争意识。"四种能力"就是观察力、注意力、记忆力、想象力。

（三）体育课渗透爱国主义教育

一是通过体育教学活动培养学生的集体意识，增强爱国热情。由于体育教学的特殊性和组织方式的多变性，容易导致集体与集体、个人与集体的频繁接触，学生对集体间的竞争和对抗、胜与负比较敏感，情感流露比较真实。根据这个特点，我们积极帮助和引导学生树立正确的集体观念，正确对待个人与集体、集体与集体之间的关系，培养团结协作、互相配合的集体主义精神。

二是联系相关事物，引申教育内容。针对体育教材思想性不明显的情况，我们通过引申教学内容，来加强爱国主义教育。如在"快速跑"这一教学内容中，我们融入了"时间"概念。教师通过启动手中的秒表，把分分秒秒报给学生听，让学生体会时间和空间印象，然后将时间所包含的经济、文化等价值和学生分享，即通过珍惜时间，给国家创造财富，培养学生的时间观念。以此来培养学生兴趣，丰富学生知识，激发学生的爱国热情。

（四）体育教学风格形成的基本规律

所谓教学风格，是指教师根据各自的优势、特长，结合教学的具体情况，经常采用的一整套个性化的独特教法，以追求最佳的教学效果为目标。在体育教学中，形成独特的个体特征教学风格，是体育教师进入高层次教学境界的一个重要标志。它对学生学习态度的养成、个性特征的培养、学习氛围的创建、合作精神的养成等都有积极的作用。教学风格是体育教师在创造性劳动中逐步建立起来的"独特教学模式"，在建立的过程中既能体现出教师的教学思想、教学意识、教学技巧等内在的东西，又能表现出教学的教学行为、教学形式、教学效果等外部的特征。本节对体育教学风格形成的规律进行研究，旨在为提高教学效果提供参考。

1.体育教学风格的基本特点

（1）突出个体性。

体育教师的个性心理特征对教学风格有直接影响。如偏于多血质气质类型的教师，情感丰富，教态亲切，善于启发诱导学生，教学中反应敏锐，方法多样，因此，可以称为"民主型"教学风格。偏于胆汁质气质类型的教师，情感浓烈，作风果断，教学中兴奋性高，富有激情，动作幅度大，感染力强，因此，可以称为"激情型"教学风格；但当学生练习出现问题时，教师容易表现出急躁发火现象。黏液质气质类型的教师，一般性情清高，教态稳健，教学中往往含蓄深沉，简洁明了，因此，可以称为"沉稳型"教学风格。但有时也会降低学生的学习兴趣。作为教师应有意识地发挥自己教学风格上的优势，克服不利因素，使个性心理特征与教学风格形成最佳的结合。

（2）追求稳定性。

体育教师的教学风格一旦形成，将有相对稳定的特征。这是由教师的个性心理特征、知识结构、文化素养、工作环境、社会赋予的要求等所决定的。知识结构、文化素养的不同，会直接影响到教师的思维模式、教学理念和治学特征，因而最终会孕育出不同的教学风格。教师教学风格的形成应有一个较为宽松的社会环境、有一个良好的研究氛围、有一个灵活的教学空间，只有这样才有助于教师开创性的工作，形成其各自特有的教学风格，克服"高度统一""千人一面"的现象。稳定的教学风格有助于教师在相对的工作状态下进行教学，有助于学生在一定时期内逐步适应教师的教学风格，较好地理解教学目标，取得最佳教学效果。

（3）实现创造性。

体育教师教学风格的形成，是一个长期实现创造性工作的过程。大量实践经验证明，教师教学风格的形成是有规律可循的，即未有风格—形成风格—打破风格—

形成新风格。这种良性循环需要教师创造性地开展研究工作。当然，创造性的研究工作是随着教师教学经验的积累、知识水平的提高、职业要求的深化、学生需求的变化等情况而进行的，往往是自觉与不自觉相结合的。

2.体育教学风格形成的过程

（1）模仿阶段。

初为人师，有几个角色需要转换，即由学生向教师的转换、由过去的"学"向现在的"教"的转换、由被动的被人管理向主动的管理别人转换、由随意的行为向规范的行为转换等。作为青年教师从主观上都有搞好教学工作的良好愿望，但往往又苦于角色转换较慢、教学经验不足，而无法达到预计的教学目标。那么，最直接、最有效的办法就是模仿，模仿老教师的教学风格。一般模仿是从局部开始的，逐渐向全局扩散的，或先是形式的，后是内容的。如当一组好的教法和组织形式被青年教师模仿使用取得明显效果的时候，有心人就会进行一定的反思，分析这种事半功倍所产生的原因；如果套用相同的方法和形式教授不同的内容，也不会产生好的效果，此时一定要分析造成牵强附会的原因。

（2）选择阶段。

青年体育教师在模仿老教师教学风格的基础上，已对不同的教学风格类型有了大致的了解，开始对自己感兴趣的教学风格进行选择。一般来说，青年教师首先选择的是与自己专业或专项相关的教学风格。这样更利于发挥专业特长，反映自我风格特点，体现了"一专"的要求。其次是选择与自己专项有一定联系的教学风格，因为学校体育教学的内容很多，只靠专项教学是不够的。按照教学大纲要求，每位体育教师必须对所教授的内容有透彻的理解和掌握。所以要在专项的基础上扩充其他内容，同时必然涉及不同类型的教学风格。随着看课、观摩、分析课、研究课的增多，以及接触不同年龄体育教师的增加，选择的范围也在加宽，以体现"多能"的要求。

（3）定向阶段。

当体育教师对众多教学风格特点有了较为清晰的认识后，还必须找准自己的定位，如何扬长避短地开展教学，逐步形成独特风格是十分重要的。一般来讲，可以根据自己的知识结构、文化素养确立教学风格。如知识面较宽的教师，教学讲解中能够旁征博引、挥洒自如，其教学风格必然呈现"洒脱流畅、生动活泼"的特点；知识结构以专深见长的教师，教学中能层层递进，分析问题如抽丝剥茧，其教学风格也更为"深沉隽永"。青年体育教师也可根据自己的气质类型确立教学风格，气质是个人心理活动的动力特征，这种动力特征主要表现在心理过程的强度、速度、稳定性、灵活性及指向性上，气质对教学风格的确立和形成具有深刻的影响。另外，还可以根据治学领域的特点确立教学风格，治学领域的"土壤"不同，必将培养出各异的"风格之树"。

（4）创新阶段。

体育教师教学风格的形成，实质是一个需要不断创新的过程。教师的教学风格一经确立，便以一个相对稳定的状态表现出来，但也不是一成不变的。教学实践证明，教师教学风格的变化是一种螺旋式的上升。这与教育内涵的扩展、教学内容的更新、学生需求的变化、教师教育理念的提升有密切的关系。其中教师教育理念的提升是最为重要的，只有观念的更新、意识的超前，才可能带来行动的创新。一种教学风格的形成，蕴含着教师的创新意识、创新思维、创新能力、创新活动等。

综上所述，体育教学风格是体育教师在创造性劳动中逐步建立起来的"独特教学模式"，在建立的过程中既能体现出教师的教学思想、教学意识、教学技巧等内在的东西，又能表现出教师的教学行为、教学形式、教学效果等外部的特征。体育教师教学风格形成于长期的教学实践，发轫于艰苦的探索，是教学一般规律与个人教学实践相融合的产物，是教学内容与教师灵感的交融升华，是教师个人创造性思维的结晶。教育管理者应善于发现和树立有"独特教学模式"的体育教师，创造性开展工作。

（五）注意规律在体育教学中的运用

在教学中我们常常会遇到学生注意力不集中，它是影响教学效果的主要因素，学生是否集中注意力听课，和教师的讲课有直接关系。优秀的教师一定是课堂上的焦点，他的一言一行能吸引所有学生的注意，使学生在课堂上的心理活动集中指向他；注意是教师与学生的之间教与学的一个关键的心理活动，有一个磨合过程，这个过程直接影响着师与生、教与学的默契，也影响着教学质量，学生良好的注意品质是教师在长期的教学训练中培养和发展起来的，利用注意的心理规律上好体育课，传授体育基本知识、基本技术和基本技能是我们教师探索和研究的方向。

1.运用无意注意的规律组织教学

（1）合理利用刺激物的特点来组织教学。

根据条件反射的强度规律，刺激物在一定限度内的强度越大，越能引起人的注意，课堂上影响学生注意力的诱因有很多，一切刺激物都会干扰注意力，我们要正确区分刺激物的良莠，新的教材、讲解的趣味、示范的优美、器材的新鲜感等都会激起学生的良性注意，尽量消除不良刺激物对教学的影响。

（2）采用不同的教学方法，吸引学生的注意。

体育教学不同的教法可以转移学生的兴趣，变换教法能使学生从一个兴趣点转移到另一个兴趣点，持续不断激发出学生的兴趣，是吸引学生注意的前提，因此教师在体育教学中充分利用这些条件，启发学生思考，分析动作之间的内在联系，集中学生的注意力，便于领会动作要领，掌握运动技能，组织学生身体练习时，还要注意变换方式，可采用竞赛、游戏的形式启发学生学习体育知识技能，调动学生的积极性，会收到较好的效果。

（3）利用语言的形象描述，吸引学生的注意。

语言交流是体育教师进行教学和组织学生注意的重要工具，教师讲解时，声音的大小、语速及声调的变化都可以引起学生的注意，直接影响教学效果，教师的语言要言简意赅、生动形象且具有启发性，符合学生接受的能力，语言的鼓励与安抚能很好地帮助学生克服困难和心理障碍，能集中注意力，提高学习积极性。

2.运用有意注意的规律组织教学

课堂上学生有意注意时间的长短，决定着课的成功与否。有意注意也称主动注意，它是有目的、有意识的、直接的、自觉的心理活动，只有提高学生有意注意的能力，才能提高学习锻炼的质量，在组织教学过程中，要求我们教师不但要想着上好课，还要培养学生有意注意的能力。组织教学，集中学生注意力，提高教学效果。

（1）明确体育课学习的目的，提升有意注意的能力。

学生对于为什么要上体育课，为什么要进行运动训练并非深知其目的，因此，教师对学生要经常进行正确引导教育，使学生明白终身体育有益身体健康，激发学生自觉积极地学好体育，锻炼身体，明确学习目的的教育还必须渗透到日常教学训练中，要求教师在教学的开始阶段就树立学生终身体育有益健康的思想，使之养成稳固的健身习惯，并自觉而为之。

（2）根据学生的兴趣特点，有的放矢。

兴趣是集中注意力的重要心理因素，教师在教学过程中必须了解学生兴趣发展的各年龄段的兴趣特征，有经验的教师既会重视学生的直接兴趣，又会重视学生的间接兴趣，根据学生不同年龄段心理特点，在教学中引导学生通过思索及体能对抗的游戏方式，提高学生锻炼的积极性，还可以编一些通俗易懂、简单易学的口诀，来提高学习的兴趣，对理解能力强的高年级学生可采用视频、幻灯教学，使抽象概念直观形象化，并用剖视、慢动作分解演示等教法，分析理解复杂动作过程的结构，培养学生的兴趣，吸引学生的注意力，提高教学效果。

（3）提升学生自我监督的能力，培养良好的行为习惯。

良好的自觉行为是集中注意力的重要条件，学生自觉行为的形成要经过长期培养，因此，教师在教学过程中，对学生要进行常规教育，如按时作息、遵守校规、比赛规则、上课注意听讲、认真完成作业等，养成良好自觉行为，有助于培养学生不受时间、地点、条件的影响，养成注意的好习惯，提升有意注意的能力，适应自觉学习锻炼身体的价值。

3.善于运用两种注意相互转化的规律组织教学

课堂上，一般来讲，学生的无意注意时间短频次高，有意注意时间长频次低，对刺激物的直接兴趣可以引接无意注意，而对刺激物的间接兴趣可以引起有意注意，两种注意在同一活动中又是相互联系和转化的，只注重无意注意，学生虽然有兴趣，但无坚强的意志和克服困难的能力，也不能完成既定的体育教学任务。注意是实时性的，短时间内，情绪高涨，可以提高学生学习锻炼的效果，可时间长了，情绪消滞，会有厌倦感；因此，有经验的教师会合理安排教学内容，激发学生兴趣，通过适时的讲解示范演绎，引起无意注意，另外，要鼓励培养学生不怕困难专研学习的意志品质和探索精神，提高主动注意能力，在课堂学习锻炼过程中，应避免过多的重复的练习，以免产生消极情绪，教师要有不断地有关联地指导动作练习，交替练习锻炼，时刻保持较高的情绪和兴趣，促使两种注意的相互自然转化，提高体育课的教学质量。

要上好体育课，在开始阶段教师要通过简洁明了、新颖的讲解宣布课的任务，引起学生的兴趣，激起学生体验的欲望，在平常的体育课中，要不断地培养学生的注意品质，主动地去专注某些事物，形成注意的稳定性，提高学习锻炼就有了事半功倍的效果。

三、迁移规律在体育教学中的运用

迁移规律是体育教学中的客观存在，为正确认识迁移规律对体育教学的影响，提高教学质量，本节对体育教学中的迁移规律进行简要的分析，对迁移规律在体育教学中的应用进行探讨，并对应注意的问题提出建议。

（一）迁移规律在制订学年或学期计划时的运用

制订学年或学期计划时，除了贯彻教学大纲的统一要求，还要注意教材分布的纵横关系。在教材的纵横关系中就要考虑到迁移的问题。纵的教材关系如进行标枪教学时，先教原地投掷，再教上步投掷，然后教助跑投掷。因为上步和助跑投掷的握枪、引枪由最后的用力到出手这些动作的基本环节和原地投掷相同，教后两种投掷时只需把上步或助跑的技术与原地投掷技术连贯起来就行；在学习与原有动作结构相似的新动作时，大脑皮质由原已形成的基本环节或附属环节的运动条件反射即可作为新的动力定型的基础，只需补充一些基本环节或附属环节的运动条件反射，新的动力定型即可形成。因此，制订学年或学期计划时，应尽量在回忆旧知识的基础上引出新的知识技能，将具有共同因素的教材内容合理地安排在一起并贯穿练习起来，这不仅可以复习旧的技能，同时还能使学生更好地理解和掌握新的知识技能，以达到前面的学习是后面学习的准备、后面的学习是前面学习的发展的目的。

另外，在制订学年或学期计划时，要避免运动技能之间的相互干扰。两种不同运动技能之间，动作技术主要环节不同，而细节部分相同，在学习时它们之间往往产生干扰。如掌握了单杠挂膝上，对学习单杠的骑上有干扰，这是因为前者要求屈膝，后者要求直腿，动作的基本环节不同，前者干扰后者。如果同时学习某两种技能，而且都没有达到熟练和巩固的程度，这两种技能就容易造成相互干扰，或者两种技能中有一种掌握得比另一种熟练，那么前者就容易对后者发生干扰，如学习了跳高起跳（单脚起跳）的技术动作后，对学习支撑跳跃的起跳（单脚上板，双脚起跳）就可能产生不良影响。两种运动技能，结构相似，速度相反，其中某一技能已经相当熟练，要想形成相反的技能动作时，就感到很困难，甚至出现错觉，如短跑和长跑，两者动作结构虽然相同，但在动作反应速度上对神经系统的要求呈现是完全两样的，故会产生干扰。

（二）迁移规律在教学中的应用

1.讲解、示范中的比喻与启发

在教学中，教师采用生动形象的教学语言，不仅能够启发学生积极思维和想象，而且能使学生加深对教材内容的理解。例如学习前、后滚翻技巧动作时，教师用球做比喻，启发学生要低头、团身、屈膝使身体接近圆球形，才能像球那样进行前、后滚动，使学生心领神会，加深对动作要领的切身体验，加速对新技术的掌握。

2.组织诱导性练习

（1）模仿练习的运用。

根据相似的刺激物可以引起雷同反应的原理，组织适当的模拟练习促其产生正迁移，诱导学生逐步学习并掌握教材。例如在铅球教学中，从徒手原地正面推铅球动作—徒手原地准备姿势（蹬、转、挺、推、拨）的最后用力—滑步推球的模仿练习，对诱导学生逐步掌握正确的推铅球技术有帮助。其生理机制就是，通过模仿产生迁移，诱导学生学会并掌握教材。

（2）分解练习的运用。

为简化动作的掌握过程，教学中常常把完整的动作合理地分成几个部分，然后按部分逐次练习，最后完整地掌握。例如在进行排球正面上手传球教学时，可首先进行传球手形的练习，其次进行正确击球点的练习，再次进行蹬伸迎拔协调用力动作的练习，最后将以上三种练习串联起来，就会使学生完整地掌握正面上手传球的动作要领。每一个分解练习都给大脑皮层建立暂时性神经练习过程产生了痕迹效应。如果学生个体能正确、熟练地掌握每一个分解练习，则分解练习过程中产生的迁移就能使学生收到良好的学习效果。

（3）辅助性练习的运用。

辅助性练习是指为发展某种动作所需的身体素质的练习。体育教学中，为使学生更快、更好地学会某项技术，而选用一些辅助练习来发展该项技术所需要的身体素质，确实有利于素质和技能迁移。例如在推铅球教学中，为提高铅球出手的初速度，必须发展学生推球的力量，因此常常选用一些发展臂力、腕力、指力的练习，诸如俯卧撑、俯卧撑推手、俯卧撑击掌等，以发展掌握技术所需的力量素质。

3.充分利用学生已有的知识、经验促进学习的迁移

选择提倡生活中较为熟悉的动作概念，给学生以生动、形象的诱导。由于学生对这些动作、姿势印象比较深刻，因而容易接受和体验，如学习前滚翻时，教师可以用"篮球滚动"来启发学生；要求跳远踏跳的起跳腿快速蹬离地面时，可用"赤脚踩在滚烫的铁板上"的比喻来提示。语言简练、准确，便于学生回忆，指导自己练习。

可见，迁移总是以先前的知识、经验为前提的。有关的知识技能掌握得越多，越容易举一反三、触类旁通。

4.建立学生良好的心理状态，促进技能的迁移

针对不同学生的不同气质类型进行因材施教，好胜心强的学生可用"激将法"，性格内向的学生则多运用心理暗示，使他们产生强烈的学习欲望，从而有利于加快运动技能的迁移和巩固。因此，教师在整个教学过程中都应帮助学生形成有利的和消除不利的心理状态。

总之，迁移是体育教学中普遍存在的规律，每一位体育教育工作者，应自觉地认识和合理运用迁移规律，使学生在学习动作时收到事半功倍的效果，从而提高教学质量。

第四节　体育教学的结构和原理

一、体育教学结构

（一）体育教学结构模式

体育教学活动存在于一定时间流程与空间形态中。时间控制，主要表现在教学方法安排序列上；空间形态，主要表现在教学组织形式上，而教学结构是实现教学目标、实施教学内容、贯穿教学方法和教学组织方式的必要保证。课堂教学结构是连接目标、内容、组织教法的一根纽带，因此，教学结构模式的设计历来都是教学研究的一个重要课题。

1.新型体育课堂教学结构模式

新型体育课堂教学结构模式主要的构成因素为完整的课堂教学论结构、灵活多变的教学法结构和有序递进心理逻辑结构。

（1）教学论结构。

体育教学论是研究和说明体育教学的现象、基本因素、本质及内在规律的一门科学和学科。教学论结构反映了学科内容、教学逻辑和包含特殊认识过程的课的三个基本阶段，是组织课的一般指令、一般做法。

（2）教学法结构。

教学法结构是组织一节课的总指令和总算法，是一个紧密联系的统一体，但又是相对稳定的。如情景和问题教学法，课的开始阶段是通过创立问题情境或提出假

说等方式引入新的知识；在解决问题或论证假说的过程中附带现实化；也可以检查或复习上次课所学习的知识等，根据课堂教学目标和教师灵活运用的教学方法体系而排序。

教学法结构的因素就是教师的"教"和学生的"学"所构成的各种活动种类，如讲述、模仿、练习、巩固等等，是教学的具体体现，"教""学"的可变性为教师创造性、学识和教学法技巧提供了广阔空间。

（3）心理逻辑结构。

心理逻辑结构是联结教学论结构和教学法结构的内部逻辑环节。掌握知识的过程总是从对事实、事件、规则等的"感知"和"意识"开始的，然后由比较、对比、解释等引导学生到对新知识的"理解"和"领会"，最终将新知识"概括"地融入以前掌握的知识体系中。心理逻辑结构只能通过教学法来得以表现，如"复现"通过提问、练习等表现出来；"理解"通过正确的回答、分析运动结构、技术正误判断和正确运用（技术、原理、规则）等表现出来；"概括"通过能够正确组合知识的结构，正确地确定新知识在已掌握的知识体系中的地位等表现出来，如此等等。

由上述可见，在学校体育课堂教学的结构模式中，保证外部教学法结构与内部心理逻辑结构的最优组合，是成功设计一堂课的关键所在，是课堂教学结构的灵魂。

2. 新型课堂教学结构模式所孕育的功能

（1）课堂教学结构模式体现了教学过程的矛盾和矛盾的发展过程。从课堂教学结构模式的整体结构上分析，"再现已知的知识，在新情况下理解原有知识"和"建立问题情境，提出问题"，形成学生已有能力和知识水平与新授知识之间的矛盾；"感知新教材，思考理解"和"提出设想和假说"，形成解决教学矛盾的过程；"概括，运用"和"检查解决问题的正确性"解决矛盾。教学矛盾贯穿整个课堂教学结构，并成为引导和带动整个课堂教学过程的动力。对矛盾的主、次转化分析，结构的开始阶段的"教"处于矛盾主要方面，而"学"是次要方面，教师主导作用使教学的主要矛盾由"教"落实到"学"，最终使学生成为占支配地位的教学主体。

（2）课堂教学结构模式突出体现了学生的主体性。课堂教学结构模式的"完整教学—分解教学—完整教学"有利于学生的运动体验和对运动的整体感知，是引导激发学生主体积极性的重要结构；"班级教学—小组教学—班级教学"发挥了学生主体能动性和小集体思维的小组教学作用，适用于学生的需要、兴趣、爱好、能力和发展潜能，有利于实现学生个性充分和谐的发展。

（二）体育教学的结构生成及其社会功能

体育教学是一个复杂而有规律的系统，由多层要素组成，在推进体育教学的改革和优化过程中，对其进行教学结构分析，能全方位加深对体育教学的认识，同时加深对体育教学社会功能的认识。

1.体育教学的本质和教学结构

体育教学是由多种要素构成的，如教师、学生、课时、教材、教学方式、教学反馈等。

其中，教师和学生是体育教学构成的基本要素。另外，体育教学要以实现体育课程为目标，以教材和体育器材为载体，在一定的场地环境下进行系统性教学。

体育教学是团体教育，更是终身教育，也是情感交流和身体发展同时进行的教育。因此体育教学的结构生成应当融合个人认知、情感交流和身体发展。

（1）个人认知。

一般来说，学校教育对个人认知能力的主要表现形式有三种：一是概念性认知，即通过语言等形式形成对外界的概念性理解。二是形象认知，通过一定的形象或者对某个形象的想象形成对外界的认知。三是运动性认知，通过身体与外界的接触形成认知。

体育教学属于运动型认知，从而确立了体育教学在教学体系中的地位。

另外，在体育学习中，学生首先通过语言和文字了解基本体育知识，然后通过示范对体育动作形象有所了解，最后通过身体对体育运动产生认知。

（2）创造良好的情感交流环境。

体育教学能使学生在运动和竞技中不断地发现自我、完善自我。因此创立良好的情感交流环境，也是体育教学结构中的一个重要组成部分。情感交流能激发学生学习体育的积极性，满足学生的表现欲，实现情感的交流和满足。

（3）促进身体的全面发展。

体育教学是直接通过身体对世界产生认知。其教学结构首要一点就是促进身体的全面发展。首先，通过多种方式进行体育锻炼，培养健壮的体格。其次，建立正确的体育意识，培养意志力和体育竞技精神。

2.体育教学的社会功能

（1）构成学校整体社会功能的一部分。

体育教学是学校教学的一个重要组成部分，因此它的社会功能发挥也包含在学校教学的社会功能中。学校教育的直接作用是帮助受教育者成为一个独立完整的人，形成个人的"文化形成"。而受教育者的"文化形成"也是把他归属到社会群体中的一个重要考核标准，并且促使受教育者本人在社会中发挥不同作用。

受教育者的"文化形成"是由接受各个学科知识的传授形成的一个整体系统，因此体育教学的社会作用是帮助学生形成自身的体育文化。

另外，人类社会的不断发展中也形成了多种多样的文化，体育文化就是其中之一。而体育教学正是对人类社会体育文化的传承。

（2）提高学生适应社会和自然环境的身体素质，提升全面素质。

体育的目标是强身健体、增强体质、锻炼意志。学校的体育教学通过多种方式和教学手段来实现这种目标。学生在体育教学中实现体育能力和身体素质的提升，那么在体育教学中打下的身体基础，有助于增强学生适应社会环境和自然环境的能力，这也是人生存的基本能力之一。

人是社会的组成部分之一，个人身体素质的提升，是构成全民身体素质提升的基础。

（3）提升人际关系等社会交际功能。

人际交往是社会活动中必不可少的一部分，也是一个人适应社会的一种必备能力，在社会发展中起着信息交流、情感沟通的重要作用。体育教学的教学方式和教学目标，在帮助学生锻炼身体、增强体质的同时，也在锻炼着学生与他人沟通的能力。首先是学生和教师的沟通和互动，其次是学生之间的互动，另外，体育教学能培养个人对团体或者集体的社会需求心理。

（4）促进心理健康。

体育能保持人的心理健康，缓解现代社会带来的种种生活压力，在提高人身体素质的同时，促进心理状态的良性发展。因此体育教学能对学生的心理状态产生积极影响。体育是一种个人与团体互动的过程，在身体得到锻炼和舒展的同时，会对人的心理产生极大影响。适当的体育运动，能化解心里的孤独和悲伤，激发人的积极性和主动性。学校体育教学在学生性格养成中也发挥着十分重要的作用。根据相关调查研究，体育教学能帮助学生养成积极、乐观的性格，增强学生的自信心和意志力。

综上所述，体育教学是一个完整的教学系统，其内部构成要素和结构之间的关系直接影响到体育教学的效果，促使学生通过体育教学获得身体、心理和精神上的满足，体验情感交流的快乐，并且展开形成体育文化修养，养成终身体育的意识。体育教学不仅注重"体"，更注重"心"，让学生在体育教学中认识体育运动的本质，从而建立正确的体育意识。

二、体育教学的原理

体育教学的原理简单来说就是进行体育学习或者教学时的一些规律，在学生学习体育技能的时候客观存在的一些规律性。

（一）学习运动技能的规律和给其造成影响的一些要素分析

现在通过对于运动技能的一些学习规律的研究，得到认可的研究成果主要有以下两种：首先是整体结构理论，在进行技能学习的时候主要分成认知阶段、联结阶段以及自动化阶段；其次是联结理论，在学习技能的时候主要是分成了三个各具特点却又相互联系着的阶段，即局部动作掌握的阶段、整个动作能够初步掌握的阶段以及对动作进行完善和协调的阶段。对学生运动技能的掌握起到影响的因素很多，主要是反馈和练习两个方面。在进行练习的时候，影响因素主要是进步的实际情况、练习的时间方面的分配、练习的方法是否正确。若是学生进行单纯的动作学习，取得的进步是比较小的，学习技能的时候可以通过反馈的方式。学生对联结结果的了解程度也会直接影响到效率提高。

（二）运动技能教学在会能度的基础上的教研规律

在进行体育教学的时候，教学规律有一定的共性，但是由于项目的不同，教学方法和时间的安排都会有一定的不同，这也是教学的个性，此处便针对其个性进行分析，探讨和会能度有关的教学规律。

1.教学时数和运动技能与会能度分类之间的关系

（1）会与不会区别比较明显的运动技能。在教学的时候，蛙泳和独轮车这两项运动会与不会之间区别比较明显，并且调查显示，蛙泳需要十二个学时才能够学会，而独轮车的直线骑行则需要十个学时。用时比较长的主要原因在于运动的复杂程度，蛙泳和独轮车都是比较难的项目，在对这种项目进行教学的时候则应该安排的时间长一些。

（2）中间型的一些完整运动技能。这些运动技能不是很复杂，但是包含的一些元素比较多，和学生的日常生活有一定的关系。这种技能由于包含了多元动作和单一动作两种，所以在教学安排的时候应该根据实际情况进行选择。单一的运动可以安排小单元或者中单元的教学，而那些多元动作结构的技能则应该根据实际情况安排大单元或者中单元的教学。

（3）会或者不会区别比较小的运动技能。这一类的技能包含的动作和元素都比较少，并且也很简单，和我们的日常生活联系紧密。所以在教学的时候难度比较低，学生稍微学习或者是不学习都能很好地把握，这一类的运动在教学中可以安排很少的时间进行练习。

2. 教学方法和运动技能会能度分类之间的关系

（1）采取分解教学法进行教学，将运动的完整技能分成几个小的部分，一段段进行动作教学。分解法主要包括的类型便是"简化法""部分法""分割法"。

对于那些会或者不会区别非常明显的运动技能，采取分解法教学能够把整个运动简化，根据其复杂性的特点可以通过掌握运动的部分来进行整体的掌握。由于运动技能有一定的组织性，构成部分之间有一定的联系，特别是先后顺序，并且动作的重复性比较低，这也给分解教学提供了方便。但是会和不会区别比较明显的运动本身比较复杂，但是技能自身空间组织性是有一定区别的。比如说进行篮球的跳投，其空间组织性比较高，在进行教学的时候，不能采用分割法的办法，所以可以采用简化法的办法进行教学，在保证动作完整的基础上降低其难度。

对于那些中间型的运动技能，也能够采取分解法的办法教学，这一类运动本身具有复杂性，但是这类运动对时间和空间的要求比较低，所以可以采用分解教学的方法。

（2）完整教学法的运用。这种教学方法是指整个动作一次性教完，对于那些比较简单并且组织性比较高的运动比较适用。

中间型中的分立运动自身的复杂性比较低，包含的元素也比较少，还有一些中间型的运动自身对于时间和空间的要求很高不能进行分解，所以可以采取完整教学的方法进行教学。

那些会或者不会不存在区别的技能，其本身的元素比较少，并且对空间时间的要求比较高，不能够进行分解，所以可以采取完整教学的办法来开展教学。

（3）教学步骤和运动技能会能度分类之间的关系。

体育教学的时候，教学步骤应该是比较清晰的，老师在进行教学的时候，必须明确每个步骤之间的联系和关系，对于那些比较难的运动技巧，老师可以先进行分解，学生掌握了部分之后，再采用完整教学的方法，让其将每个步骤联系在一起。

研究运动技能教学对于体育学理的主要意义在于，把握教学中的规律，让学生更好地掌握每个动作。老师也可以通过教学总结出更多的经验，以便更好地教学。

第四章 大学体育教学训练的方法

第一节 力量素质和速度素质训练

一、力量素质训练

（一）力量素质的发展既要全面也要突出重点

机体作为一个有机的联系整体，不能单独靠某一部分的肌肉发力来完成动作。针对相对复杂的技术动作，需要全身不同肌肉群的整体配合工作才能完成。通过世界男子百米大战可以看出优秀运动员均重视全身肌肉力量的协调发展，而不是单纯强调下肢或局部力量素质的发展。因此，在发展力量素质的过程中，发展下肢力量素质也应该加强上肢和胸、腰、背和臀等部位大肌肉群的锻炼，同时也要注重发展核心部位的深层次肌群和其他薄弱小肌群力量。

（二）做好充分的准备活动，训练结束后要及时放松肌肉

在正式参加比赛或训练前一定要做好各项准备活动。通过准备活动可以提高中枢神经系统的兴奋水平，增强机体对大负荷强度刺激的感觉;增强氧运输系统的机能，从而提高工作机群的代谢水平；此外还可以使体温提高，降低肌肉的黏滞性，增加弹性;让肌肉发挥最大的收缩力量，同时还能有效地预防肌肉损伤。力量训练结束后，由于乳酸的堆积，肌肉常常会出现充血肿胀的现象。因此，在力量训练结束后要及时采取各种活动性手段，如整理活动、保证良好的睡眠、合理的营养补充、按摩理疗等，使肌肉充分放松。

（三）集中注意力，加强安全保护意识

肌肉活动总是在中枢神经系统的调节下进行的，力量练习时要集中注意力。充分靠目标肌群有效发力完成动作练习，真正做到使意念活动与练习动作紧密保持一致；练哪里靠哪里发力。这样不仅可以使肌肉力量得到更好的发展，还能降低在大负荷练习时的受伤概率。另外，为了加强力量练习的安全性，还应加强学生的自我保护和互相保护意识，在大负荷重量练习时严禁单独训练。在临近力竭时，更应该注意加强同伴之间的保护，预防安全事故的发生。

（四）与专项动作相结合，保证技术动作的规范性

不同的专项动作有不同的技术结构，要求参加工作的肌肉群力量也不同。如投掷类项目要求学生竭尽全力地使器械获得最大的加速力量。因此，在力量训练的过程中要根据专项技术的动作结构来选择恰当的练习方法，更好地获得发展有关肌群力量的效果。在实际力量练习时，必须按照相关动作的技术规格要求严格进行，否则容易由于身体姿势的不正确，导致技术动作变形，不仅会影响目标肌群的训练效果，而且会增加运动损伤发生的概率。例如，在进行杠铃深蹲练习时需要双眼平视前方，始终保持收腹挺胸，腰背部挺直；靠大腿、核心部位肌群协同发力。针对大负荷训练要系好腰带；严防弓背的出现。为了进一步加强安全保护，可以在杠铃两侧安排两名保护人员以防腰部损伤。

（五）要掌握正确的呼吸方法

憋气有利于固定胸廓，提高核心肌群的紧张程度，通过有效的憋气可以提高人体在极限状态下完成动作的最大力量。有学者研究发现，人在憋气状态时背力最大为 133 千克；在呼气时为 129 千克；而在吸气时只有 127 千克。尽管如此，也应该注意到过度用力憋气会引起胸廓内压力的提高，使动脉的血液循环受阻，导致脑贫血，甚至产生休克现象。因此为避免憋气产生不良后果，当短时间内完成最大用力时，应尽量避免憋气，尤其在负荷不大的情况下重复做练习时，更不要憋气。针对初始训练者，应尽量减少极限用力的练习。引导其在练习过程中学会正确呼吸；此外尽量减少在完成力量练习前做最深的吸气，因为过度深吸气会增加胸廓内的压力导致练习效果不佳。

（六）要制订系统的训练计划

根据用进废退的原理，力量素质训练应全年系统安排，不能无故中断。相关研

究证明，力量增长得快，在停止训练后消退得也快。但是，发展力量素质练习不宜在疲劳的状态下进行，因为这种状态下的练习主要发展的是肌耐力而不是肌力量；同时可能还存在潜在的安全隐患，训练效果更是大打折扣。

力量素质训练应该依据不同人群、不同项目以及训练任务的不同而区别对待，负荷的安排应具有明显的周期性、波浪式特点。力量训练课的次数应根据训练课所处的阶段和周期、需要达到的具体目标，训练者的年龄、性别、身体状况，特别是现阶段的训练水平等做出具体安排调整。在每次训练中，先安排发展最大力量、速度力量，最后安排力量耐力的练习。

在进行发展力量素质的训练课中应使全身肌肉群得到充分锻炼。一般按照从下肢肌肉群到核心肌肉群再到上肢和肩带肌肉群的顺序进行练习。根据专项训练动作应先安排复合动作使主要的大肌群得到锻炼，然后安排孤立动作使局部肌群得到充分锻炼。

二、速度素质训练

速度素质是指人体快速运动的能力，包括人体快速完成动作和对外界信号刺激快速反应以及快速位移的能力。学校体育教师、教练员可结合实际提高以下几个方面认识，加强对学生速度素质的培养，全面提高学生的速度素质，从而带动学校体育活动的开展。

（一）速度素质包括反应速度、动作速度和移动速度

反应速度是指人体对各种信号刺激快速应答的能力。动作速度是指人体或人体的一部分快速完成某一个动作的能力。移动速度是指人体在特定方向上位移的速度。以单位时间内机体移动的距离为评定指标。一位具有良好移动素质的运动员，不一定也具有良好的反应速度。

（二）各项速度素质的训练应明确的问题

1.反应速度训练应明确的问题

首先，反应速度由神经反射通路的传导速度所决定，基本属于纯生理过程，不受其他因素影响。纯生理过程的提高是相当困难的，很大程度上取决于遗传因素，通过训练可使学生潜在的反应速度能力表现出来并稳定下来。

其次，在训练中学生注意力集中与不集中大不一样，注意力集中，可使神经系统处于适宜的兴奋状态，使肌肉处于紧张待发状态，此时，肌肉的反应速度比处于松弛状态时可提高 60% 左右。这种状态有时间限制，一般适宜时间为 1.5 秒左右，最多 8 秒。因此，短跑运动员在预备起跑时，要紧紧地压住起跑器，思想集中准备迅速迈出第一步。

最后，反应速度的提高在很大程度上取决于运动员对信号应答反应的动作熟练程度。在进行反应速度的训练时，还要经常改变刺激因素的强度和信号发出的时间。

2. 动作速度训练应明确的问题

提高速度应与掌握和保持正确的技术动作紧密地结合在一起。专门性的动作速度训练与专项比赛动作要求相一致。在反复做某一个规定动作为发展动作速度时，应合理地变换练习的速度。练习的持续时间一般不宜过长，动作速度的训练强度较大，运动员的兴奋性要求高，一般不应超过 20 秒。练习与练习之间的间歇是由练习的强度所决定的，练习强度大，需要的间歇时间就应长些。但也不要忘记，间歇时间过长易导致兴奋性下降，不利于用剩余兴奋去指挥后边的练习，如持续时间 5 秒、强度达到 95% 以上的练习，间歇时间以 30 ～ 90 秒为宜。

3. 移动速度训练应明确的问题

首先，测定移动素质的手段常用短距离跑；距离不要过长，可用 30 ～ 60m 的距离；最好不从起跑计时，而测定其全速跑通过某段距离的能力；在运动员不疲劳、神经兴奋性高的状态下测验；可测定 2 ～ 3 次，取最佳成绩。

其次，最大步频和快速跑中的支撑时间对运动员的快速移动能力有着重要影响，优秀运动员单脚撑地时间为 0.08 ～ 0.13 秒，普通人为 0.14 ～ 0.15 秒。

再次，提高移动速度有两个基本途径：一是力量训练，使运动员力量增加，进而提高速度；二是反复进行专项练习。无论通过哪个途径提高移动速度，训练中都必须重视确定适宜的训练负荷。

最后，在训练实践中运动员力量得到增加，并不意味着移动速度马上可以提高，也有时当力量训练负荷减小以后，才有提高，这种现象叫"延迟性转化"。

三、提高各项速度素质的常用手段

（一）反应速度训练常用的手段

信号刺激法，利用突然发出的信号提升其对简单信号的反应能力。

运动感觉法，需要经过三个阶段。一是让运动员快速地对某一信号做出应答反应，然后教练员把时间结果告知。二是先让运动员估计时间，通过测定进行比较，提高运动员对时间的准确感觉。三是要求运动员按事先所规定的时间去完成练习，这样可以提升对时间的判断能力，促进反应速度提高。

选择性练习，具体做法是，随着各信号复杂程度的变化，让运动员做出相反的应答动作。

（二）提高动作速度常用的方法手段

利用外界助力控制运动员的动作速度，在使用时必须掌握好助力的时机及用力的大小，同时还应让运动员很好地感觉助力的时间及大小，以便他们能独立及较早地达到动作速度的要求。减少外界自然条件的阻力，如顺风跑等。

利用动作加速或利用器械重量变化而获得的后效作用发展动作速度。借助信号刺激提高动作速度。缩小完成练习的空间和时间界限，如球类利用小场地练习。

（三）提高移动速度常用的手段

首先，发展最高移动速度每次练习的持续时间不能过长，应以使每次练习均以磷酸原代谢为主要供能途径，一般地讲，应保持在 20 秒以内。多采用 85% ~ 95% 负荷强度，练习的重复次数不应过多，以免训练强度下降。确定间歇时间的长短，应能使运动员机体得到相对充分的恢复，以保证下一次练习的进行。休息时，可采用放松慢跑，做伸展练习。

其次，是各种爆发力的练习和高频率的专门性练习，如田径短跑做高抬腿跑、小步跑、后蹬跑、车轮跑等。

最后，也可利用特定的场地器材进行加速练习，如斜坡跑和骑固定自行车等。

四、速度训练的基本要求

1. 速度素质训练应结合运动员所从事的专项运动进行，如在短跑项目中应着重提升听觉的反应能力，在球类运动中应着重提升视觉反应能力。

2. 速度素质训练应在学生兴奋性高、情绪饱满、运动欲望强的情况下进行，一般应安排在训练课的前半部分。

3. 速度提高到一定程度时，常会出现进展停滞、难以提高的现象，称为"速度障碍"。出现速度障碍时，可采用牵引跑、变速跑、下坡跑、带领跑、顺风跑等手段予以克服。

4. 掌握学生的实际身体情况，科学地安排速度训练。由于移动速度具有多素质综合利用的特点，移动素质的发展与力量、耐力等其他身体素质的发展有着密切的关系。因此，对学生进行速度训练的同时，要十分重视全面身体素质的训练。

第二节　耐力素质和柔韧素质训练

一、耐力素质训练

（一）将耐力素质训练融入体育课中的必要性

1. 耐力素质训练可有效促进学生身体素质的发展

耐力素质，是指人体在尽可能长的时间内进行肌肉活动的能力，耐力也可看作对抗疲劳的能力。长期的耐力练习，可以使大脑皮层长时间保持兴奋与抑制有节律的转换，使大脑皮层神经过程的均衡性得到改善，神经细胞的工作能力和支配肌肉活动的各运动中枢之间的协调也能得到改善。特别对提高心血管系统和呼吸系统的机能具有良好的效果。

2. 耐力素质是保证持续完成任何运动的前提保障

身体素质中包括五个方面，即力量、速度、耐力、灵敏、柔韧，在这五项基本素质中，耐力都是重要保障。如百米跑后程就要有充足的体能做保障，进行肌肉力量练习做的组数多或做的练习类型多同样也需要耐力做保障。耐力是保证持续完成任何运动的前提保障，有很多爱好者无论是在从事球类运动还是其他运动，除了技术外，到最后拼的都是耐力，只有身体持续不断地提供充足的体能储备才能更好地发挥自己的能力，才能有更好的精神状态投入到一天的学习和生活当中。

（二）推动体育课中耐力素质训练的方法

1.考虑学生运动需要，激发学生的运动兴趣

在体育课程中，采用哪些方法、开展哪些内容去开展和推行耐力素质训练，教师首先要考虑的就是学生的运动需要，激发学生的运动兴趣。

什么是运动需要？就是学生对体育运动的自身价值所产生的趋势，或想掌握某项体育运动技能的一种需要。如何判断学生的运动需要？我们可以从健身锻炼的方向出发，结合体育心理学方面的知识，以及学生的兴趣爱好，考虑他们的情感需要，找出学生的运动动机和运动兴趣所在，通常我们运动是需要得到满足的，一旦满足就会产生运动的愉悦感，激发其运动兴趣。所以说，学生的运动需要是其运动兴趣得以激发与培养的源泉。

除运动需要外，融洽的师生关系、现有运动技能水平、运动内容的新奇性与适应性、成功体验的获得，都是影响运动兴趣的主要因素。其中，融洽的师生关系可以保证教师引导学生向健康积极的方向发展。

2.丰富健身田径运动形式，通过游戏性比赛调动学生运动积极性

最近几年不断提出了很多好的健身锻炼的方式，如健身田径运动、少儿田径运动、自然环境中的田径运动、趣味性的田径运动等，都是从不同角度和方面去让运动更有价值、意义和趣味。

本节中提到的健身田径运动，也都是结合了田径中最基本的走、跑、跳、投掷等各种技能，既是人类本能的运动基础，也是表现基础运动能力的专门技能，如散步、快走、定时跑、定距跑、走跑交替、跳绳、跳跃游戏等，对于参加者来讲负荷适宜、效果全面、条件随意、终身受益。因此，我们可以通过开展丰富的健康田径运动形式，通过游戏性比赛调动学生的锻炼积极性及提升其对所学的知识、技术的综合运用能力。

3.进行适宜耐久跑，逐步提高学生耐力素质水平

适宜距离、强度、速度的耐久跑会给学生身心带来愉悦和欢快。所以耐久跑应以中等强度、保持适宜的时间、确定适宜的距离为前提，提倡个人根据自己的实际情况，确定练习方式和负荷，以个人自我进步度的评价作为控制练习的依据，避免

出现因"比赛"和"达标"等约束条件的影响，被动性地超出个人力所能及的练习负荷，造成运动伤害。

在耐久跑中使学生懂得耐久跑的价值与作用，了解跑的正确方式和节奏，能在跑前、跑后进行自我脉搏测量，懂得健身跑的心率应控制在 120 ～ 150 次 / 分钟为宜。体育教师采纳、执行也可以根据自己学校的实际情况，做到灵活变动和因地制宜，一定会取得不断改善的效果。

关于跑的正确方式和节奏，教师应给予学生指导。一是要形成正确的跑姿和跑的方法，养成健身跑的习惯。教师可以通过图片、媒体展示或师生简述与示范，使学生了解并掌握耐久跑正确的动作方式，能够做到动作轻松、步伐均匀、重心平稳。二是要学会呼吸方法和掌握呼吸节奏，这是练习耐久跑的基础要求。要在慢跑中有意识地教会学生正确的、有节奏的呼吸方法，注意加深呼吸的深度是很有必要的。

只要做到以上几点，并且教师认真负责地有针对性地安排指导学生练习，会慢慢地提高不同阶段学生耐力素质的水平。

二、柔韧素质训练

众所周知，柔韧素质是提高训练水平的重要因素之一，柔韧素质的提高不但有利于技术动作很好地完成，而且有利于提高动作质量与动作幅度，其表现为协调性的不断提高、节奏感强、运动能力的明显增长等。运动员如果不在柔韧性上做大强度、高效率的训练，那么他们在运动技术运动成绩方面将很难得到更大的提高。因此，必须充分重视柔韧素质，并且科学地进行训练。

（一）柔韧素质的理解

体能是以人体三大供能系统为能量代谢活动的基础，通过骨骼肌的做功所表现出来的运动能力。体能是运动员的基本运动能力，是运动员竞技能力的重要构成因素。运动员身体素质的发展受多种因素的影响。

1. 柔韧素质的概念

柔韧性素质是指各关节活动范围的大小及肌肉、肌腱、韧带等组织的伸展能力。在"牵伸训练"中"柔韧性"一词是指"正常"范围内的运动能力。

2. 柔韧素质的分类

①与静力性柔韧相关的关节在不强调速度的条件下进行拉伸时的运动幅度

（ROM）有关；因此静力性柔韧是静力性牵伸的结果。②弹性柔韧，通常跟摆动、弹起、弹回和节律性运动有关。③动力性或功能性柔韧是指在以正常速度或快速进行身体活动时运用一系列关节的运动能力。④活动性柔韧是指没有外力辅助的条件下，由肌肉主动运动时的活动范围。

（二）目前国内对"柔韧素质"研究的文献分析

笔者通过查阅《中国期刊全文数据库》《贵州师范大学图书馆》《贵州数字图书馆》以及大量与柔韧素质相关的文献，发现当前"柔韧素质"的相关文献多数涉及的是体育运动中柔韧素质的重要作用，以及地位和体育运动训练中柔韧性的训练方法和手段等领域，关于体育运动中柔韧素质的具体可实施性的对策和建议的文献相对较少。从笔者掌握的文献来看，当前对体育运动中柔韧素质的探讨和研究基本集中在以下几个领域：

1. 柔韧素质在体育运动中的重要作用及地位

赵余骏、许寿生、李燕在《PNF训练对少儿艺术体操练习者柔韧素质的影响》中提到，通过对实验组和对照组两组实验结果数据的对比分析和对每名练习者自身的两次数据进行对比分析，得出少儿艺术体操训练者通过系统的训练，PNF训练和传统柔韧素质训练都能使练习者的柔韧素质得到相应的提高。少儿艺术体操练习者柔韧素质训练采用PNF训练法，相比传统柔韧素质训练的负荷强度而言，相对较小的负重负荷，可以使柔韧素质得到显著提高。拉伸法不仅仅在提高肌肉的柔软性方面有很大的作用，而且能够明显地提高肌肉发力的柔韧性，可以作为训练的柔韧训练一种很好的方法。静力性拉伸法可以提高柔软性，但对于肌肉的柔韧性的提升方面却并不是很理想。刚开始柔韧训练可以采用PNF拉伸法和静力性拉伸法进行练习；训练到一定阶段后，可以用PNF拉伸法进行训练，这样以便于适应各个阶段的训练需求。

蔡广浩、熊凡在《静力拉伸和动力拉伸对提高柔韧素质的研究综述》中表示，在人们的意识中虽然体现出了静力性拉伸优于动力性拉伸的想法，但是相关方面的研究仍显不足，所以在理论上的支持仍需实验数据的支撑。从搜集的资料来看，大部分研究集中在练习手段的开发上，专门针对动力和静力练习效果的研究较少。由于人们对于柔韧素质训练普遍认识程度不够，对训练方法的区分和操作不熟悉，很容易在训练和健身过程中造成运动损伤，影响运动成绩和训练热情。

孙红《论柔韧素质在跳高运动员身体素质中的重要地位》中指出身体素质是人

体器官、系统机能在肌肉工作中的反映。它是身体发展、体质增强的主要内容，也是一个人健康水平的重要标志。身体素质是从事各项体育运动的基础，是取得优异运动成绩的根本保证。发展和提高身体素质是体育教学训练中的重要任务，是提高运动员运动水平和运动技术的根本保障。运动能力的掌握和提升，良好的身体素质是关键的支柱。因此，身体素质的发展状况对掌握、巩固和提高技能技术、顺利完成教学和训练任务来说是极其重要的。因此，笔者认为柔韧素质在其中起着主要作用。

以上三者都对柔韧素质的重要作用及地位从多个角度进行了系统而全面的分析和研究，都较为准确地指出了柔韧素质在体育运动教学和训练中的重要作用和地位，并开展了高深度、多视角的读解。

2. 体育运动中柔韧素质的技术教学及运动训练方式方法

陈志刚、董江在《青少年短跑运动员的柔韧素质训练探析》中指出青少年田径短跑运动员大都柔韧素质比较差，导致他们在协调性上也较差，在技术动作上的缺点是动作幅度小而生硬，这种情况使他们在运动技术上的提升和训练成绩的增长也受到了很大的影响。青少年在这个阶段正是生长发育旺盛的时候，年龄的增加会带动身体状态、机能等方面发生很大的变化，因此在青少年时期如果我们能够对运动员制订一系列有计划、有目的性的柔韧素质训练，这将会使他们很快掌握短跑技术、技能，并且不断提高运动的水平。

柔韧素质练习的基本方法与手段有以下几个方面：

第一，静力拉伸练习法。将平缓的动作保持在静止不动的状态，从而使肌肉、韧带等软组织拉长到一定程度，在这个拉伸过程中，肌肉、韧带能够获得较长时间的刺激，这是这个方法的一个重要的特征。

第二，动力拉伸练习法。自主拉力运动法是一种屡次重复相同动作的有规律的、相对较快的运动方法。在短跑训练中这种练习方法有个主要特征，就是肌肉强度改变的最大值在自主拉力的时候大概比静力拉伸大两倍。

第三，柔韧性练习常通过以下方法进行：①正弓步压腿，这是为了提高腿部后侧肌肉的柔韧性；②侧弓步压腿，是为了提高腿部内侧肌肉的柔韧性；③后压腿，练习的目的是增加腿部前侧肌肉的柔韧性。在研究中发现，一些运动员会忽略其他素质的训练，为了提升成绩只是在速度和力量上进行练习，这种情况也会造成他们的成绩提升受到负面影响，而事实是柔韧素质决定了其他素质的发展，各素质的发挥和利用也受它影响，它是联系各素质间的一种良好的媒介。

郭书华《柔韧素质锻炼方法》中指出柔韧素质是很多体育运动项目必须具备的重要体能之一。针对小学生的柔韧素质的提高，采取了一系列方法策略，并收到了很好的反馈。其训练方法：

第一，吻靴。目的：低弓步压腿，重点训练膝关节的柔韧性。动作方法：训练者一条腿屈膝成半蹲状态，另一腿向前伸直成弓步，脚跟着地，勾脚尖；身体前屈两手抓住前伸的脚尖；两臂屈肘用力向后拉，上体屈髋前俯，头以及下颏尽力去碰触脚尖。控住几秒后上身缓缓抬起，间歇一会儿后做换腿重复练习。

第二，双人拉锯练习。目的：用于提高学生腰背部、腿部后侧和膝关节韧带的柔韧性。动作练习方法：两人一组对面坐地上，脚相对，腿伸直，上体前屈，手相扣前后拉动。

第三，扶腿压前屈。目的：提高腰部、腿部柔韧性。动作方法：一人仰卧，两腿并拢，两腿做体前屈，一人扶其腿下压。

第四，脚迈过"圈"。目的：提高身体柔韧性，增进腰腹肌肉力量。动作方法：训练者站立，两手相握放体前。身体前屈，左右脚依次从两手臂和躯干成的圈内迈出。当脚都迈出后，两手不松，身体保持正直，两手由臀后侧朝上提起，双手相扣放于身体后面。

第五，"马咬尾"伸展练习。目的：训练腰腹部肌肉的柔韧性。动作方法：训练者膝跪于地手撑地，向左扭转脊柱，尽力从肩部看到左侧臀部，左侧臀部可向前轻微移动。几次后，脊柱换方向扭转。

第六，钻膝拉手。目的：提高身体柔韧性，拉长肩背部肌肉和韧带。动作方法：训练者站立，双腿膝部外开，腿部成"O"形，身体前屈，手臂从腿部内侧穿进，穿过膝关节后，再屈双肘，臂小腿前，双手放在脚踝前相扣。

第七，跨绳比赛。目的：提高身体柔韧性。动作方法：两手握绳于身体前面，两腿从绳上跳过，再跳回来。

张建、史东林、周博、李光军《三种拉伸方法对于提高艺术体操运动员韧素的实效对比研究》中的研究结果表示：第一，PNF 拉伸方法能够有效地提高艺术体操运动员肩关节、髋关节柔韧素质水平。与动态拉伸方法和静态拉伸方法相比，PNF 拉伸方法除了在柔韧素质水平的提高方面成果显著外，柔韧素质的训练成绩还能表现出持续性、渐进性提高的趋势。第二，静态拉伸方法对于柔韧素质的改善效果虽然优于动态拉伸方法，但是在提高柔韧幅度与速度方面均落后于 PNF 拉伸方法。第三，动态拉伸方法对于柔韧素质能够起到有限的提高作用，但是保持成绩的能力最差。他们的研究论证指出：①证实拉伸训练对提高艺术体操运动员的柔韧素质水平有重要意义。②结合前人对柔韧素质的研究结果，丰富动态拉伸、静态拉伸与 PNF 拉伸三种不同拉伸方法之间的对比研究。③丰富艺术体操运动员专项柔韧素质训练手段，证实拉伸训练对改善艺术体操运动员肩、髋关节柔韧素质水平的实效研究，为艺术体操运动员专项柔韧素质训练提供理论参考依据。

以上三者都对柔韧素质的技术教学及运动训练方法方式做了研究、分析与探讨，并都提出多种在体育教学与训练中行之有效的提高柔韧素质的方式方法。

综上所述，从目前的研究成果来看，当前研究体能中柔韧素质的文献大多集中在对柔韧素质的作用、重要性以及地位方面和锻炼方法方式等领域，大致分为体育运动中柔韧素质的重要作用及地位和竞技体育运动中柔韧素质的技术教学及运动训练方法方式的分析两个方向，但少有关于柔韧素质在学校体育教学中发展的对策和建议的文献。学校体育教学中柔韧素质的发展具体可实施性的对策和建议是非常有必要的，不仅可以对青少年学生的体质发展起到实质性的作用，使学校体育课更加便于开展以及开展得更好，而且可以促进学生体育能力的增强，更加便于学习其他能力。文章试图通过对柔韧素质在学校教学中运用的练习方法的现状进行调查与分析，以期找到更多的、具体的、更好的在体育教学中发展柔韧素质的可实施性建议。

第三节　灵敏素质和协调能力训练

一、灵敏素质训练

灵敏素质训练原则是人们依据客观事物运动的内在规律而制定，在实践中必须遵循的法则或标准。运动训练原则是依据运动训练的客观规律确定的组织运动训练所必须遵循的基本准则。灵敏素质的训练也有其自身规律，只有遵循这些规律才能系统、有效地发展运动员的灵敏性。根据运动训练的原则结合灵敏素质的特征多年训练实践，笔者认为，灵敏性的训练应遵循三大基本原则。

（一）健康安全与竞技需要原则

1.健康安全原则

"以人为本"是现代社会的根本要求，社会的发展是为了人的发展，人类社会创造的一切都应是为了人类全面、自由的发展。体育运动当然也不例外。

健康安全是一个人生存的基本权利，是人从事体育活动或其他活动的基础。田麦久教授指出，健康是运动员的基本权利，是运动员保持系统训练的重要基础。运动训练以取得运动成绩和提高竞技能力为主要目的，而现代运动训练理论中恰恰缺失了运动员健康部分的内容。

安全保障是确保运动员免受伤害的关键。在运动训练或比赛过程中，尽量保证运动员的安全，避免伤害事故的发生。灵敏素质练习对运动员的身体有较高的要求，所以，灵敏性练习一般安排在训练课的前半部分。灵敏性练习前，教练员需调动运动员的积极性、激发运动员的训练动机，在其体力充沛、注意力集中、精神饱满的状态下进行练习，以获得最佳训练效果。另外，应变换练习手段，根据不同阶段或练习重点进行不同的灵敏素质练习。例如，沙滩排球运动员在徒手练习时需注意变换动作和改变方向，再结合球进行训练，这样既可以提升其判断能力，也可以根据需要对预判、变向和变换动作的能力进行练习。准备期可以重点发展一般灵敏素质或对三类灵敏素质分别进行训练，逐步提高。比赛期则以专项灵敏素质训练为主。

灵敏性训练也应从运动员的健康状况出发。因为灵敏素质训练是高强度的练习，危险系数较高，与一般的康复性训练有很大不同，运动员在身体状况不好或有伤病的情况下不应参与灵敏性训练。运动员进行灵敏素质练习或测试时，需确保其处在安全的训练环境中。首先，保证训练或测试地面与比赛地面要求一致，包括合适的服装和鞋子。若在硬地上测试要保证地面防滑，运动员应穿着相应的训练服装和防滑的鞋子。其次，有充分的练习空间，确保运动员能够安全地完成练习或测试。最后，进行灵敏性练习或测试时，运动员应保持注意力集中和良好的状态，防止疲劳。

2.竞技需要原则

竞技需要原则是由项目特征所决定的，教练员应时刻考虑灵敏性训练要满足项目需要，不同项目对灵敏素质的要求不同。简单地将灵敏素质分为一般灵敏性和专项灵敏性不是目的，对专项灵敏性进行深入分析，进而得出专项灵敏素质的练习方法才是关键，使其从能量消耗特征、项目的技术特征和力学特征等方面贴近项目。根据竞技需要选择灵敏素质练习方法的依据有供能特点、动作形式和移动的速度等，以便训练效应更好地转移到专项竞技能力中。如果一个项目需要大量的侧向移动，那么练习中应体现这一需求。例如，沙滩排球训练应根据项目的预判特点、变向特点和动作特点分别进行，达到自动化的程度，这样才能确保灵敏性训练贴近比赛。

（二）适宜负荷与区别对待原则

1.适宜负荷原则

训练效应的生理基础是人体对刺激的适应，而负荷就是这种刺激。也就是说，任何训练效应的获得都必须通过对运动员施加负荷才能实现。必须明确的是，人体的适应能力并不是无限的，在训练过程中当人体的适应能力正向发展时，常伴随运动成绩的提高；而当人体难以适应持续的负荷时，常伴随运动成绩的下降。所以，对负荷的控制已成为运动训练学研究的焦点，灵敏素质的训练同样存在运动负荷的问题。

灵敏素质是以磷酸原系统供能为主的素质，练习时强度较大，易产生疲劳感，所以，每次练习后应有足够的休息时间，以保证机体磷酸原的基本恢复。运动生理学研究表明，每千克肌肉中含 15 ~ 25 mg 分子 ATP-CP，该系统的供能时间一般不超过 8 s，而 ATP-CP 恢复一半的时间大约是 30 s，完全恢复所用的时间是 3 ~ 4 min。所以，在进行灵敏素质训练时，一般练习时间不应超过 10 s，以充分发展灵敏素质供能系统的能力。2 次练习之间的休息应超过 30 s，一般为 30 ~ 50 s；组间间歇应稍长一些，一般为 3 ~ 4 min，以保证 ATP-CP 含量的恢复。为了使运动员较长时间保持良好的灵敏性，应适当提升运动员的糖酵解供能能力和有氧代谢能力。研究表明，运动员尽力保持速度进行灵敏素质的练习仅能维持 7 s，一般而言，敏捷性、加速度和快速脚步的练习时间应保持在 3 ~ 5 s，灵敏性的练习总时间一般不超过 4 min。

运动负荷主要强调运动量、运动强度及间歇时间。进行灵敏素质训练时，对强度的控制，教练员可以通过运动员完成练习所用时间（一般情况下如果练习的速度降低 10% 以上，应停止灵敏性练习，说明开始疲劳，并且功率下降）和监控运动员心率来间接评价。有经验的教练员还可以通过观察获得重要信息，如当运动员动作技能下降，特别是制动时动作不稳、制动能力下降时，应考虑延长间歇时间或停止灵敏性训练。

2.区别对待原则

区别对待原则是指在运动训练过程中，根据运动员的特点、训练水平，因人而异地制订训练计划和安排训练负荷。进行灵敏素质训练时也应考虑区别对待的原则，因人、因时、因项、因地制宜地进行练习，才能获得良好的训练效果。

灵敏素质训练中区别对待原则的执行需做到如下几点：

首先，根据运动员的特点进行灵敏性练习，不同训练水平的运动员，应采用不同的练习方法和负荷。如有些运动员灵敏性不好，可能是由于预判不足，抑或是移动变向能力或变换动作的能力不足，练习时应根据运动员的不同情况分别进行训练。其次，不同项目运动员灵敏素质的要求不同，这已在竞技需要原则中进行阐述，在此不再赘述。

最后，处在不同训练阶段的运动员应安排不同的灵敏素质训练内容。开始阶段应注重基本脚步或身体控制能力的练习，如冲刺跑、后退跑、侧滑步和起动、制动、变向等基本移动能力和控制能力，为后继的灵敏性训练打下基础。如果运动员能很好地控制平衡和身体重心，并能快速移动，将会增大其成功的概率。随后可进行一些与专项相关的灵敏素质的移动步法练习，若是需要器械的项目，还可结合器械进行移动变向和变换动作的练习。当达到一定程度后，可以结合专项运动场景进行必要的预判和快速反应练习，使之达到自动化的程度。

（三）全面发展与敏感期优先原则

1. 全面发展原则

全面发展是指在灵敏素质训练过程中，应全面提升运动员的观察判断能力、变换动作和改变方向的能力及身体控制能力。观察判断能力、变换动作和改变方向能力是灵敏素质不可分割的3种属性，将灵敏素质进行分类，并单独对某一属性进行研究，是为了更深入地探讨该属性的特点，因为不同能力具有不同的表现形式。但决不能因此而忽视了灵敏素质的完整性，只有将这3种能力统一起来进行多维度的考察，才能更加准确、完整地把握灵敏素质的真意。在运动情景中任何一方面的能力存在不足，都会影响运动员灵敏性的整体表现。

观察判断能力的培养。结合运动实践提升运动员的观察能力，通过更加广阔的视觉追踪策略，获取更多有效的信息，巩固视觉搜寻的结构模式，加强对细微动作的辨别能力，形成运动记忆加以存储，以提高判断的准确性和速度。研究表明，视觉注意力可以不经过眼动而得到加强，并且控制视觉搜索的任务和结构似乎可以储存在记忆里，"双眼紧盯着球"的模式似乎不是处于最佳竞技状态的运动员喜欢的模式。大量研究表明，观察判断能力的训练可以提高运动员的意识并提升运动员的决策能力。

变换动作能力的培养。全面发展运动员的技术动作（专项技术和非专项技术）。实践表明，学习掌握的技术动作越多、越熟练，建立的暂时性神经联系就越多，不仅表现出学习新动作技术快，更表现出技术运用灵活且富有创造性的特点。

改变方向能力的培养。全面学习多种移动步法，起动、制动、变向身体姿势与重心的控制，起初可以学习一些简单的闭链式移动动作，然后增加一些简单的刺激，并逐渐增加难度，包括刺激的难度和动作、方向的难度，有效提升运动员的变向能力。

灵敏素质由上述三部分构成，但并不是简单相加。如果发现一种练习方法运动员练习起来较困难，应重点练习而不是将其调整为已熟练的练习动作。

2. 敏感期优先原则

身体素质的发展过程不仅是一个持续稳定的变化过程，而且存在着增长速度特别快的过程或阶段，人们习惯将这一过程或阶段称为身体素质发展的敏感期。判定标准为年增长平均值加一个标准差作为临界值，增长速度大于或等于临界值的年份为该素质的敏感期。一般素质敏感期有：迅速发展期和较快发展期。抓住敏感期进行针对性的训练能提高训练的有效性，达到事半功倍的效果。

灵敏素质的训练要符合运动训练的基本规律，但灵敏素质自身的特点决定了其训练规律具有特殊性。我们根据灵敏素质的特点和运动训练的规律将灵敏素质的训练原则归结为：健康安全与竞技需要原则；适宜负荷与区别对待的原则；全面发展与敏感期优先原则。

二、协调能力训练

在人体综合性的运动素质中，最重要的一项就是人体的协调能力，人体协调能力的强弱决定着一个人运动素质的高低，通过培养人体的协调素质来提高身体的协调性，可以提高人体体能、人体技能及提升人的心理能力，以便达到更好的训练目的和效果。目前，可以通过对人体运动各个方面的分析来提高人体的协调性，通过分析制订出提高运动人员身体协调性合理、科学的训练方案。

（一）人体运动协调能力的特征

运动协调能力是指运动员的机体各部分活动在时间和空间里相互配合，合理有效地完成动作的能力。《运动训练学》中指出"运动素质是人体体能的重要组成部分，是机体在活动时所表现出来的各种基本运动能力，包括力量、耐力、速度、柔韧和灵敏等。它们之间都有各自相对独立的作用，又密切联系、彼此制约、相互影响，其中每一个因素的水平，都会影响着体能整体的水平"。肌肉的活动要通过运动来实现，运动中的战术、技术及运动素质等都要通过肌肉活动来表现，所以力量素质是运动的基础。

在每日的基本训练中，运动者在剧烈的肌肉训练时，通过神经活动也可以调节和控制肌肉活动。我们从外观来看，力量训练是通过肌肉的活动来实现的，但从实际角度出发，在生理学方面来看，身体协调性是人的神经系统在起作用，神经系统接受感受器时，由于外部环境或者自身体内的刺激通过身体内的神经系统传播到大脑皮质区域，调节肌肉的张弛与伸缩活动。运动协调能力本身是一种重要的智力，在运动中对神经系统的刺激，对大脑的发育是有着积极重要意义的，通过练习掌握运动技能，细化肌肉协调的能力，它反映的是一种精细的感觉，也是一种对外部刺激的分析和综合能力。

（二）人体运动协调能力的主要制约因素

1. 遗传因素

运动能力的各种组成性状是由遗传因素和环境因素共同决定的。一般来说，不明原因性的协调能力差，绝大部分是由遗传因素导致的，遗传因素决定了运动者运动能力的起点，遗传因素与人体协调能力有着紧密的联系。人的身体在运动过程中，能够完成非常复杂的运动技术动作，这与人的神经系统中的功能水平存在着较为密切的联系，所以说人体协调能力与神经系统中的功能水平关系极大，人体的神经系统功能是先天形成的，它很难被外界或者自身体内的因素所影响，所以说神经系统的功能不易受到后天的改变，先天的遗传原因制约着人体协调能力的发展水平。

2. 大脑皮质下中枢神经系统

所谓"闻道有先后"，运动技能有些人做起来相对简单，有些人相对难，就像很多人的身体运动协调能力都是由先天发育决定的，但是仍然有不少人经过后天不懈努力的运动训练，提升了自己的身体协调能力。在人体的运动机体内，要想完成较为复杂的运动技术动作，仅仅依靠大脑的皮质或者神经系统的调节是不完整也不准确的，这还要取决于皮质运动区域内的抑制与兴奋过程灵活地转换支配身体机能来完成，只有这样才能完成高难度而又复杂的运动技术动作。如果人体的传导机能和反射机能出现障碍，人体的协调能力就会受到制约。

3. 感官系统机能

感官是指能够感受外界事物刺激的器官，包括眼、耳、鼻、舌、身等。人身体的各部分都存在感受器，它们在受到外部环境或者自己身体内的刺激时会通过身体内的神经系统传播到大脑皮质区域，经过大脑皮质区域的综合分析，找到解决方案从而调节身体的机能。人在运动时，感受器也开始了它的工作，时刻准备着接受身体发出的信号，它们之间有复杂而又微妙的关系，感受器作为神经系统调节的各个效应器官，为身体能够更好地运动提供了桥梁，身体能够更有效、正确地完成运动技术动作。感官系统具有很好的灵活性，能够为人体的肌肉和肝脏器官提供最为重要的支撑。

4. 运动技能的储存数量

一个人如果有丰富的运动技能储备，并且拥有高水平的运动技能，就能够轻松地建立起新的条件反射，更快地接受并且掌握更高难度且复杂的运动技术动作，与此同时，其身体协调能力也能够很好地得到提升。大脑皮质支配着人体的肌肉活动，也可以这样说，大脑皮质支配着人体的各项运动。人们对身体素质的理解就是人体肌肉活动的能力，一个人的速度、耐力、力量、灵敏与柔韧性都比较好就说明这个人身体素质好，也可以说运动素质好。随着运动素质的发展，人体机能也在不断地增强和扩大。随着运动技术水平的提高，也说明我国的运动机能有很大的提升和创新，并且技术掌握的熟练程度也大步提高。人体的运动技能之所以能够改进、发展和提高，这都归功于大脑皮质活动的反应，这基于大脑神经在运动条件反射时做出的建立、巩固和分化。

人体运动技能的形成归功于条件反射的建立。运动技能的储存数量越多，越能顺利地建立新的条件反射，掌握新的运动技术动作，人体从而表现出较为良好的运动协调能力，反之，运动技能储蓄数量不足，人体就会表现出较差的运动协调能力。

5. 其他运动素质的发展水平

人体协调能力还受其他运动素质发展水平的影响，其他运动素质包括柔韧性、灵敏性、力量、耐力、速度、身体平衡力、技术动作纯熟度等。例如柔韧性，它是指人体关节活动范围的大小以及跨过关节的韧带、肌腱、肌肉及其他组织的弹性和伸展性，发展柔韧性素质，身体柔韧性不好的运动人员，关节活动范围较小，跨过关节的相关组织弹性和伸展性较差，他的柔韧性就制约着身体协调性的发挥。灵敏性是指在人体突然运动的条件下，准确、敏捷而又快速地完成技术动作的能力，它是一种运动技能综合性表现的运动素质，灵敏性较差的人，运动反应较慢，身体协调性较差，但是通过转身突然跑、倒退跳远、躲闪跑、快速启动、急停练习等灵敏素质的练习能够有效地提升人体的协调能力。平衡能力分为两种：一种是静态平衡，如座位、站立位等在一定范围时间内对身体姿势平衡的维持；另一种是动态平衡，如走、跑、跳等运动中的身体维持，平衡能力不足会导致运动发展迟缓，从而影响人体的运动协调能力。

（三）人体运动协调性训练法

不习惯运动技术动作的各种身体练习，可以反向完成动作，如右手换左手实践。改变已习惯技术动作的速度和节奏，如做多组小跑、慢走、变换跑的练习等。还可以通过玩游戏的方式完成复杂的运动技术动作，如穿插一些技术动作的慢动作练习。创造性地改变完成动作的练习方式，可以采用不便于组合的动作，使用已经掌握的技术动作做一些更加复杂的组合训练。改变技术动作的空间范围，适时用信号或用条件刺激使得运动人员做改变动作各种方式的练习。循环训练法，根据训练的具体任务，建立多组练习站、练习点的训练，运动人员应当按照规定的顺序、路线，依次循环完成每站所规定的练习内容的要求的具体训练方法。

一个人的协调能力越基层，协调性训练法的使用频率越高，但是，如果是一米八以上的人，技术动作仍不协调，协调性训练频率也要高。在准备时期，每周的训练频率为 2~3 次较为合理，动作项目至少十项，每项动作的练习次数至少三次才能达到锻炼身体协调能力的效果，在做训练前必须要深刻了解自己是在哪些方面不协调的，要针对不协调的方面适时了解和掌握训练方法并学习相关理论知识，进行科学合理的锻炼。杜绝盲目的训练，否则不但没有锻炼效果反而会伤害到自己的身体，因为每种训练方法所适合的协调感是不同的。在进行协调能力训练的同时也需要发展其他运动素质，从而更有效地改善身体的协调能力。

关于一个人运动协调的能力，与人体的竞技能力有着密不可分的关系，协调并不是单一的力量、速度、柔韧性等运动素质的表现，而是这几种因素的综合表现，并且，一个人拥有高度发达的感觉器官和神经系统，能够协调复杂的机能活动和适应多变运动环境。研究表明，制约人们身体协调能力的因素主要有以下几种：一是遗传；二是大脑皮质下中枢神经系统的支配机能；三是人体感官系统机能的灵敏性；四是运动技能的储存数量；五是其他运动素质的发展水平等。

体育运动的目的是通过运动来进行人体运动素质的训练，身体协调是体育运动的灵魂，只有身体协调了，人体的肌肉才能依赖大脑神经系统的支配发挥其作用。一个人运动协调能力的提升和发展能够大大提高身体的锻炼效果，能够纠正错误的运动技术动作，还能够提高各个技术动作之间的协调性，在提高心理素质方面也有非常可观的效果，还能够附带着表现力、注意力、观察力以及自信心等个人能力的提升，在运动比赛过程中发挥更好的作用和效果。

第五章　大学体育瑜伽训练

第一节　高校瑜伽教学中的柔韧素质

通过瑜伽训练，学生不仅能强身健体、美体塑形，还能进一步理解美、感悟美与创造美，形成自信、乐观、真诚、向上的良好人生风貌。但是，瑜伽训练是否成功，一定程度上取决于练习者各个关节的柔韧度，而要想实现瑜伽健身塑形的效果，瑜伽教学中柔韧素质训练至关重要。

一、柔韧素质的相关内涵阐述

柔韧素质其实就是伸展能力，即人体各个关节处的肌肉、肌腱以及韧带等的伸展功能。柔韧素质好的，其伸展能力较强，瑜伽训练中不易造成运动损伤；柔韧素质差的，则极有可能在训练中造成扭伤、拉伤等瑜伽训练类运动损伤。柔韧素质根据不同的划分标准可分为不同的类型，而不同类型的内涵也不尽相同。

根据与专项关系柔韧素质可分为两类：①一般柔韧素质。这种柔韧素质是指在瑜伽训练中，运动者为适应一般训练或者实现一般瑜伽技能的提升而必须具备的一些柔韧素质。②专项柔韧素质。即在瑜伽训练中，为了适应某一专项训练、迎合特殊化专项训练要求而对应需要的柔韧素质。

根据外部运动状态表现柔韧素质可分为两类：①静力性柔韧素质。即人们在进行静态瑜伽练习时，将肌肉、肌腱等拉伸到一定静力练习所需要的角度，并停留一段时间。如瑜伽练习中的劈叉、下腰等。②力性柔韧素质。它与静力性柔韧素质相对应，一般表现为瑜伽训练者的弹性回缩以及动力拉伸等。

在瑜伽教学中，教师要重视柔韧素质，并将其训练渗透于瑜伽教学的方方面面，不断强化学生的瑜伽练习。

二、高校瑜伽教学中柔韧素质的重要性

（一）促使高质量、高标准瑜伽动作的完成

在高校瑜伽教学中，无论是初级体位教学，还是高级体位教学，柔韧素质都对学生的瑜伽训练结果有一定的影响，是高标准、高质量瑜伽动作成功完成的关键。在初级体位教学中，良好的柔韧素质不仅能帮助学生完成一些基础瑜伽动作的拆分、组合等练习，还能使学生尽快投入瑜伽训练，通过较高的身体柔韧度以及自主学习更高效地掌握瑜伽动作。

（二）有利于帮助高校瑜伽训练者提升自信心

在高校瑜伽教学中，瑜伽训练能帮助学生健美塑形，当学生完成高难度瑜伽动作，体会到人体与动作融合的美妙，并将自己最优美的身姿展现出来时，其自信心便陡然提升。但毋庸置疑，只有拥有良好柔韧素质的学生才能做到。因此，只有通过柔韧素质训练，提升学生身体关节的柔韧度，学生才能不断克服高校瑜伽练习中的各类困难动作，提高瑜伽训练水平，达到自信能力提升的目的。

（三）全面提升高校瑜伽教学的质量和水平

高校瑜伽教学水平的高低，一方面取决于教师的教学能力，另一方面则与学生学习潜能、柔韧素质等密切相关。柔韧素质好的学生能尽快掌握各类瑜伽动作要领，并积极主动地进行瑜伽动作练习，用较好的身体协调度、柔韧度等实现高质量瑜伽练习，这对教学质量的提高具有促进作用。而柔韧素质不好的学生往往会花更多的时间与精力去重复同一个动作，但一不小心便会造成运动损伤，这极大阻碍了教师教学效率的提高。可见，学生身体柔韧性直接影响着学生瑜伽动作完成的质量，也关系着瑜伽教师的教学水平。因此，瑜伽教师要意识到柔韧素质对于教学的重要性，不断强化对学生柔韧素质的训练。只有强化柔韧素质训练，才能使瑜伽教学中大多数学生达到瑜伽训练要求，用较高的柔韧素质夫提高瑜伽动作质量，推动瑜伽教师教学质量和水平的提高。

（四）好的柔韧素质能有效激发学生兴趣

教育心理学将兴趣作为成功完成一件事的必备元素，学生一旦对某一件事情产生浓厚的兴趣，便会全神贯注、专心致志地投入其中，成功率自然很高。兴趣可分

为直接兴趣与间接兴趣，两者相互融合。在高校瑜伽教学中，教师不仅要激发学生的直接兴趣，也要使其保持直接兴趣，或者将间接兴趣逐渐转变为直接兴趣，这就需要强化对学生的柔韧素质训练。良好的柔韧素质能提升学生瑜伽学习的自信心，能随时随地激发和保持学生的直接兴趣，使其执着于瑜伽学习与训练。兴趣一方面来源于外因的刺激，另一方面则来源于自身的喜爱与肯定。柔韧素质好的学生更容易在瑜伽学习中实现自我价值，体会到瑜伽学习的乐趣，而这样的学生能长久保持学习兴趣，提高瑜伽训练质量。

（五）提高学生学习瑜伽的积极主动性

积极主动性是学生参与瑜伽教学活动，实现师生交流互动，并高质量完成瑜伽动作的基础与前提。高校瑜伽教学要实现以学生为本，尊重学生的课堂主体性地位，关注学生个体发展。这就需要教师提高学生瑜伽学习的积极性，使其主动接触瑜伽，自主进行瑜伽练习。在高校瑜伽教学中，每个瑜伽动作对学生柔韧素质的要求都不同，教师可以根据不同动作难度需求，对学生进行有针对性的柔韧素质训练。教师可以将瑜伽动作分为难、中、易 3 个类别，然后让学生根据自身的素质差异，选择适宜的动作来训练，并在实践训练中不断提高柔韧素质，改变训练级别，以激励学生自主进行瑜伽训练。

三、瑜伽教学中锻炼学生柔韧素质的有效方法

（一）掌握两种重要柔韧素质训练法

巧用动力拉伸法，此训练方法是相对有效的柔韧素质训练法，是指学生在瑜伽训练中有节奏地重复某一个动作进行持久的训练，对身体的各个软组织进行拉长训练，以达到对身体柔韧度的训练，如连续从各个侧面踢腿、甩肩等。

静力拉伸法需要学生先通过动力拉伸法缓慢、逐渐地将身体软组织进行拉伸、拉长，在拉长到某一个程度时可以暂停拉长，并静止一段时间，在这段时间内的拉伸便是静力拉伸。静力拉伸、动力拉伸进行配合锻炼，能有效提高身体的柔韧性。

（二）柔韧素质训练需要一定步骤

胯部训练是学生进行瑜伽训练发挥重要作用的一个部位，训练胯部柔韧性可从趴胯、搬胯、劈叉等动作开始，胯部练习目的是使学生的胯部充分打开，达到

$200° \sim 400°$ 。

正腿、后腿训练柔韧素质训练离不开对正腿、后腿的系统训练。在训练中，对于学生不规范的动作标准，教师要对学生进行正确的搬、压、耗等，直至完成反复的腿部训练。

在训练中，肩、胸的训练要尽可能同时训练，先让学生学会简单的肩、胸推压训练，继而转战复杂动作。腰部训练也很重要，教师可进行多途径训练。

肌肉支撑训练这一训练属于压轴训练，教师应特别对待。

（三）柔韧素质训练的注意事项

1. 合理把握训练力度。例如，在进行拉伸身体软组织时，到底应该运用多大力气才能做到既不拉伤软组织，还能达到训练结果？一般情况下，学生在拉伸时如果感到酸、痛、胀，这时所用的力气便是最佳。

2. 激发学生兴趣。很多学生感觉柔韧度训练枯燥乏味，不愿积极配合，这时教师应在训练中渗透趣味元素，激发学生训练的自主性。

3. 消除学生训练的紧张感。学生如果在训练时出现了紧张焦虑现象，教师要及时缓解，正确疏导，并帮助其顺利进入训练正轨。

4. 训练强度要适中。强度适中是提高柔韧素质应注意的一点，教师应强化重视。

第二节　高校瑜伽教学中的形体训练

随着社会的发展、人们生活水平的提高，瑜伽逐渐走入人们的生活，并以其独特的魅力受到了大众的喜爱。随着新课改的发展，高校现也开设了瑜伽课程，以此来提升学生的气质，促进学生的综合发展。

一、形体训练和瑜伽的功能作用

形体训练主要通过舒展优美的舞蹈基础练习，结合古典舞、身韵、民族民间舞蹈进行综合训练。形体训练是所有运动项目的基础。形体训练可以塑造人们优美的体态，培养高雅的气质，纠正生活中不正确的姿态。形体训练适用人群广泛，尤其适合女性。

长期的瑜伽练习能够提升身体免疫力，促进血液循环，使身体组织得到充分的营养；缓解人们生活压力、消除烦恼，达到修身养性的目的；提高人们的注意力，提高工作效率；增添人们的活力，形成积极向上的乐观心态，增强自信心，促进身心的全面发展。

二、形体训练和瑜伽的关系

瑜伽是需要在专业人士的指导下进行练习的，否则易给练习者的身体带来伤害。瑜伽的专业训练有前倾式坐姿、弯曲式坐姿、站姿、平衡的姿势、放松的姿势等。由此可见，瑜伽对练习者身体的柔韧性、协调性等都有较高的要求。而形体训练的目的也是矫正身姿、锻炼练习者的耐力，在这方面，形体训练和瑜伽是具有相同点的。练习者在进行瑜伽练习前先进行形体训练，通过专业的指导、练习，提高身体的舒展度、柔韧性等，并了解掌握了一些瑜伽的基本动作，再进行瑜伽学习时，练习者能够很快进入状态，掌握瑜伽要领，感受瑜伽所带来的特有魅力，增强瑜伽的学习兴趣，调动练习者的积极性，从而能够更好地学习瑜伽、感受瑜伽。由此可见，瑜伽和形体训练是相辅相成、相互促进的，将形体训练融入瑜伽教学中，有着非常重要的教学意义。

三、形体训练对瑜伽教学的作用

（一）调动学生的积极性，增强学生学习瑜伽的热情

通过形体训练，学生身体的柔韧性、舒展度都得到了提高，从而在进行瑜伽训练时能够很快掌握，提升自信心，调动学生的积极性，增强学生学习瑜伽的热情。

（二）提高学生瑜伽学习的质量

形体训练可以矫正学生的身姿，提高学生身体的协调性，这也是瑜伽教学中所要求的。形体训练和瑜伽练习这两者是相辅相成、互相促进的。学生进行形体训练可以提高瑜伽学习的质量。形体训练是学生在优美的音乐旋律下，使身体各个部位得到舒展。瑜伽的练习也是在音乐中进行的，学生在形体训练中对音乐的掌握有助于加深对瑜伽音乐的理解和鉴赏。由此可见，形体训练有助于提高学生瑜伽学习的质量。

四、形体训练在高校瑜伽教学中的应用

（一）合理安排形体训练的时间

形体训练对瑜伽教学有着极其重要的作用，因此在瑜伽教学中要合理安排形体训练的时间。在进行瑜伽教学时，教师可先利用四分之一的时间让学生进行形体训练，使学生在进行瑜伽训练时能够更容易地掌握动作要领，调动学生瑜伽学习的积极性。形体训练要贯穿于学生的整个瑜伽学习过程，调整学生身姿，提高学生身体的柔韧性，从而能够更好、更快地学习瑜伽，增强学生学习瑜伽的兴趣，提升高校瑜伽教学的实效。

（二）培养专业的瑜伽教师

瑜伽教师的专业水平直接关系着学生对瑜伽的理解及学习，因此各高校应当加强对专业瑜伽教师的培养。瑜伽教师不仅要学习瑜伽理论知识和瑜伽技能，还要学习如何将形体训练巧妙地融入瑜伽教学中。高校可聘用专业的瑜伽师对高校瑜伽教师进行定期培训，讲授瑜伽理论知识，指导学习瑜伽动作；高校瑜伽教师也可针对瑜伽教学心得进行交流，提升自身的瑜伽教学能力；形体教师和瑜伽教师也要进行定期的交流学习，取长补短，提高自己的专业水平，从而能够更好地进行瑜伽教学，调动学生学习瑜伽的积极性，增强学生的学习热情，促进瑜伽教学的改革与发展。

（三）加强形体训练的规范性

瑜伽对学生的柔软度、身体协调能力等都有较高的要求，瑜伽的一些基本动作都具有塑形、健身的作用，学生若动作标准，则可以达到调整身姿、提高身体柔韧性的作用；学生若动作不标准，不仅不能够掌握瑜伽的基本要领，甚至还有可能拉伤肌肉，损害身体健康。这就要求加强瑜伽训练前的形体练习。

（四）形体训练时要采用循序渐进的方法

瑜伽的动作具备较强的设计性，如果学生没有做到位，在很大程度上会影响瑜伽的效果。因此瑜伽教学要制订科学的教学计划，让学生由易到难，慢慢地进行瑜伽学习。现在教学中最常用的是适用性形体训练方法，这种方法可使学生提前了解学习到瑜伽的一些基本知识与动作，增强学生学习瑜伽的积极性。通过不断地练习，学生逐渐掌握一些基本要领，教师逐步增加形体训练的难度，提升学生的柔韧性与身体协调能力，使学生能够更快、更容易地掌握瑜伽动作。运用循序渐进的方法，学生的接受程度高，且易掌握瑜伽基本动作要领，达到瑜伽教学的目的。瑜伽教师还要针对学生的个体差异化特征进行因材施教，保证每个学生都能够掌握瑜伽动作要领，感受瑜伽所带来的美感及艺术性。

瑜伽可以调节学生的身心健康，增强学生的活力，促进学生形成积极向上的乐观态度。瑜伽练习与形体训练是相辅相成、相互促进的。形体训练可以调动学生的积极性，增强学生学习瑜伽的热情；形体训练可以提高学生瑜伽学习的质量。因此，在瑜伽训练中，应当引入形体训练，增强瑜伽教学的实效性：合理安排形体训练的时间；培养专业的瑜伽教师；加强形体训练的规范性；形体训练时要采用循序渐进的方法；调动学生学习瑜伽的热情，促进高校瑜伽教学的改革与发展。

第三节　高校瑜伽教学中的呼吸训练

一、瑜伽呼吸的目的和重要性

呼吸是人最重要的机能。呼吸人人都会，但是人们对呼吸的了解却很少，经常以不正确的方法进行呼吸。由于人为的因素，大部分的成年人会有呼吸不完全的现象。我们的呼吸一般是任意和不规律的，大多数人呼吸浅短、缺乏规律，只利用了肺部的1/3。连续不规律的呼吸，不仅损害神经系统，而且妨碍内分泌的固有功能，最终使体质变得虚弱。结果身体开始丧失力量和活力，产生经常性的疲劳和沮丧的感觉。

瑜伽理论认为，人的呼吸受意识的影响，复杂、混乱的思维意识会导致呼吸失去平衡。人的身体状况在很大程度上依赖于呼吸的规律性，呼吸方式可以高度地反映出一个人的情绪情感。当人们在心烦意乱的时候，呼吸就变得很慢和没有规律；而在狂怒、焦虑和紧张不安时，呼吸则变得迅速、表浅和混乱。

庄子说"呼吸以踵"，是说要用脚后跟呼吸，把呼吸深入脚后跟。瑜伽理论认为，人一生的呼吸量是有一定限度的，呼吸又快又匆忙，对健康不利。相反呼吸缓慢，犹如在品尝空气的人，可获得长寿。调整呼吸，是我们生存的基本因素，也是健康的必要基础。

所以，在开始习练瑜伽的时候，想要让瑜伽的作用发挥得更好，首先是进行呼吸的习练，而不是先进行体式的习练。只有正确的呼吸才可以让身体更放松。因此，认识呼吸的重要意义和掌握正确的呼吸方法是瑜伽习练的当务之急。

二、瑜伽呼吸的意义

呼吸是生命的特征之一。呼吸节律的变化，表明人们的情绪、行为和健康也在发生着变化。瑜伽的呼吸法训练，能让人掌握正确、科学的深呼吸方法。它能使身体变得稳定、放松，能更好地舒展筋骨，并且能最大限度地将氧气吸纳到肺部，对身体的健康非常有益。深呼吸还能安抚人的情绪，使心灵获得平衡。所以瑜伽的精髓是由呼吸来控制身体的放松、稳定、平衡，以达到身心合一的境界。因此，在所有的瑜伽经典理论中都认定："呼吸是瑜伽实践的源头。"

三、瑜伽呼吸习练的要求

用鼻呼吸。用鼻子呼吸可以过滤和温暖空气，以免刺激呼吸系统。习练过程中要保持鼻腔和口腔清洁，以保持呼吸的顺畅。习练地点：安静、通风、干净的场所；习练时间：空腹状态下或饭后 3~4 小时；习练姿势：坐式或仰卧。呼吸要有一定的自然节律，避免过度用力。瑜伽的呼吸是自然而然进行的。

四、瑜伽呼吸的好处

习练瑜伽首先要学会如何调整自己的呼吸，也就是瑜伽呼吸法。瑜伽呼吸法的好处有很多，它的功效就是能净化自己的身心，平稳呼吸能让自身变得从容平静，能培养出气质。瑜伽的呼吸主要靠腹肌、肋间肌和横膈膜的运动来进行。这种呼吸均匀、缓慢又深长，可以向身体的各个器官提供更多氧气。为了使心肺保持良好功能，我们必须学习瑜伽呼吸法。

（1）瑜伽呼吸能提高免疫力，预防呼吸系统疾病，改善消化系统功能。

（2）有效地缓解放松身心，改善失眠状态，有效增强体质。瑜伽呼吸可以向身体的各个器官提供更多的氧气，使我们的心肺保持良好的功能，加速血液循环，排毒。

（3）按摩滋养腹腔器官。随着腹肌的起伏运动，胃肠的活动量就会增大，消化功能也将得到加强，从而使人体对养分的吸收更加充分。

（4）减肥。增强腹肌，移除腹壁脂肪。呼吸功力越深减肥效果越好。呼吸的深度决定肠部蠕动与收缩能力，能力越强，新陈代谢越快，燃烧脂肪能力就越强，减肥效果就会越好。

（5）保持青春。瑜伽的完全呼吸能控制身体使身体处在良好的健康状态，增强人体活力，进而促进精神的活跃。它可使头脑灵活、体力充沛，感觉越活越年轻。

（6）消除紧张和疲劳。瑜伽的呼吸法通过有意识的呼吸排除体内的废气和虚火以及消除紧张和疲劳。人们主动调节呼吸的深度和频率，就能有效放松绷紧的神经，舒缓焦虑的心情。

（7）改善心理状态，控制情绪。当身心完全放松专注于伸展肢体时，体内会产生一种让人心情愉快的"脑内啡呔"，安定心绪就可以释放负面情绪并让人产生正面想法，逐渐达到"身松心静"及"身心合一"的境界，培养了集中力、注意力。

五、瑜伽中的呼吸方式

瑜伽的呼吸方法有十多种，教学中基本的较为简单、也容易为初学者所掌握的有"腹式呼吸法""胸式呼吸法""完全呼吸法"。

（一）腹式呼吸

腹式呼吸是瑜伽教学中最重要、最基础的呼吸方法，这个呼吸法的适用率更高，是通过加大横膈膜的活动来完成的。在呼吸的过程中，要求胸腔保持不动，感觉腹部一起一浮。正确的腹式呼吸是体位法、冥想和高阶呼吸调控的基础。吸气时，把空气直接吸向腹部，横膈膜下降，手会被腹部抬起，吸气越深，腹部升起越高。呼气，横膈膜自然而然地升起，腹部向内、朝脊柱方向收，凭着尽力收缩腹部的动作把废气呼出双肺之外。

腹部是人体气血交汇之处，腹式呼吸可以促进全身的气血循环，通过按摩腹部内脏，把肺底的废气、浊气、淤气排出体外，消化功能也将得到加强，使人体对养分的吸收更加充分。腹式呼吸有效地锻炼腹部肌肉，会使小腹肌肉变得紧缩而结实，达到减肥瘦身效果。

（二）胸式呼吸

胸式呼吸主要靠肺中间的部位来完成，是通过肋间肌的收缩或舒张，增加人体的肺活量，每个人在日常生活中的呼吸基本上都是胸式呼吸，它是一种无意识的浅而短的呼吸方式，而在瑜伽呼吸习练中的胸式呼吸则是一种有意识的调控，是深而长的呼吸方式。深深吸气，是把空气直接吸入胸部区域。胸部区域扩张（腹部应保持平坦）。吸气越深，腹部越向内、朝脊柱方向收入。吸气时，肋骨是向外和向上扩张的。然后呼气，肋骨向下并向内收。在情绪不稳定的时候，多做几组深而长的胸式呼吸，可以使心态逐渐平和稳定下来。

（三）完全式呼吸

此种呼吸法是把腹式呼吸和胸式呼吸结合起来完成的。这是一种自然的呼吸方法。轻轻吸气，先吸满腹部，再充满胸部的下半部分，最后充满胸部的上半部分，尽量将胸部吸满空气，双肩可略微升起，胸部也将扩大，腹部内收。呼气时，先放松胸部，再放松腹部，用收缩腹部肌肉的方法结束呼气，确保肺部呼出最大量的空气。整个呼吸应该是畅顺而轻柔的——就像波浪轻轻地从腹部波及胸膛中部再波及胸膛的上半部，然后减弱停息。

运用完全式呼吸，排出的二氧化碳量是普通呼吸的三倍以上，可以大大增加氧气供应，使血液得到彻底的净化，还可以使膈肌和胸腔得到锻炼，提高胸腹组织的活力和耐力，增强人体呼吸系统对疾病的抵抗能力。

六、教学中呼吸的运用法则

起吸落呼，开吸合呼，也就是胸腔扩开的时候吸气，胸腔缩小闭合的时候呼气。但要注意，不应在呼吸期间为了刻意追求夸张的效果而导致身体各部位任何形式的紧张。

动作顺应地心引力时呼气，动作对抗地心引力时吸气。扭转身体时呼气。呼吸要带动动作，它是动作的来源；练习时要先呼吸再做动作，先动作结束然后呼吸才结束，呼吸的过程大于做动作的过程，呼吸的深浅能量会影响到动作的幅度。

瑜伽呼吸习练过程中，意识必须集中呼吸。瑜伽遵循"规则、均匀、长、深"的呼吸原则。习练的时候一定要注意呼吸节奏的把握，不要急于完成动作。呼与吸的比例是 1：1，逐渐过渡到 1：2，尽量拉长呼吸的周期，中间不能悬息，习练三个月无悬息的呼吸习练，才可进行悬息习练。一定要量力而行、循序渐进。

瑜伽习练中应该没有任何勉强，呼吸也不例外，保持自然、轻松的呼吸即可。当保持一个姿势的过程中，如果觉得呼吸很难维持或出现憋气、急促的现象，那是动作幅度超出个人能力范围的表现，教师可以指导学生调节动作伸展和拧挤的程度，最重要的不是动作"到位"的程度，而是自己的呼吸是否顺畅和身体伸展的肌肉走向是否正确。

对于初学者来说，掌握起来有一定的难度，这主要表现为呼吸习惯的不适应。教学中教师随时强调体位中的呼吸方式，在指导学生练习体式的过程中，应边讲解示范动作边提示学生进行正确的呼吸，对于初学者提示可以具体到何时吸气、何时呼气。此外，初学者可以一个动作分几次呼吸，动作就停在吸气结束的时候，但后弯的姿势除外，一次呼吸就应完成。尤其是简单的体位，提醒学生慢慢地适应呼吸和体位的相互配合，只有这样，瑜伽呼吸教学的效果才会更加明显。

总之，瑜伽习练时呼吸是可以练出来的，慢慢控制思维，别暗示自己刻意呼吸，逐渐将潜意识里的呼吸还原到自由、自然的状态，让呼吸和身体的动作协调起来。

呼吸对我们的健康而言，是非常重要的。练好瑜伽呼吸可以让我们的身体机能得到很好的提高，坚持瑜伽呼吸可以帮助我们调整心态、保持活力。在瑜伽课中呼吸法非常关键，它贯穿瑜伽课始终，强调呼吸法掌握后，再进行瑜伽体式习练，这样才可以让运动达到事半功倍的效果，尽情享受瑜伽带给你的魅力。

第六章　大学体育舞蹈体能训练

第一节　有关体育舞蹈体能训练的理论基础

体育舞蹈国际组织被奥运会组织正式接纳后，体育舞蹈的竞技赛事也日趋频繁与规模庞大，尤其是 2010 年体育舞蹈成为广州亚运会的正式比赛项目，体育舞蹈的竞技性特点已经日趋明显。随着体育舞蹈项目竞技性的增强，决定动作质量和技术发挥的关键——体能也越来越受到关注。诚如所有的体育项目，体育舞蹈的十个舞种对参赛运动员的体能有着很高的要求，运动员的体能好坏与成绩好坏有着直接的联系。

一、体育舞蹈体能与体能训练的基本概念

研究体育舞蹈的体能，首先必须了解有关体能的概念，只有清楚了解概念，深入认识体育舞蹈的专项体能，才能明确体育舞蹈体能研究的范围和内容。

我国训练学专家对体能所做的定义为：运动员体能是指运动员机体的基本运动能力，是运动员竞技能力的重要构成部分。在广义上，体能包括形态、机能和素质三个方面；而在狭义上，运动员体能水平主要通过运动素质表现出来。对体能的研究也主要是从狭义范围来进行的，即以"运动素质"为主要研究内容。对体育舞蹈运动专项体能的概念借用运动训练学中的定义来讲，体育舞蹈专项体能是指体育舞蹈运动员的基本运动能力，是体育舞蹈运动员竞技能力的重要组成部分。该定义不能足够清晰地反映出体育舞蹈专项体能的特点，因而在此基础上，我们再结合体育舞蹈身体素质的要求，进行重新定义。根据国内外相关教练员和科研人员对体育舞蹈体能的描述，"体能"应是指运动员在体育舞蹈专项训练和竞技负荷下，最大限度地动员有关机能能力表现出身体难美和协调的动作。从某种程度上来讲，这种专项能力包括专项耐力、柔韧、协调、灵敏等。体能变成一种在专项活动中能对抗疲劳，

最大规格和标准去完成动作的能力。体育舞蹈的竞赛是一种间歇性运动，运动员在比赛中的活动包括走路、跑步等低强度动作与跳跃、旋转、平衡控制等高强度动作的交替和循环使用。而完成这些动作是需要有良好的柔韧素质、灵敏协调素质、力量素质、速度素质以及耐力素质来做基础的。在体育舞蹈运动中，每项身体素质似乎并没有要求在其组合表现中达到极限，然而运动能力的储备的确有利于运动员在场上做任何动作都挥洒自如、得心应手，这也是体育舞蹈运动场上制胜的关键因素，因而卓越的身体体能是体育舞蹈赛事的基础与保证。

体能训练，是指为提高运动员能力所采用的专门的有针对性的训练。它是运动训练的组成部分；是结合专项需要并通过合理负荷的动作练习；是改善运动员身体形态，提高有机体各器官系统机能的活动能力、充分发展运动素质、促进运动成绩提高的训练过程。体能训练是技术训练的基础。体能训练的根本任务就是要在运动训练中运用各种有效的方法和手段，使运动员各器官系统机能水平和身体形态得到全面提高，运动和心理素质得到全面发展，掌握大量运动技术和技能，为专项运动素质的充分发展，以及掌握、改进、提高专项运动技术和专项成绩创造条件。

和任何其他体育项目一样，体能训练也是体育舞蹈运动体系的一项基础训练，是一项专项适应性与辅助性训练。体育舞蹈的体能训练则是指采用专门的训练方法与手段，结合体育舞蹈运动负荷特点以及技术特点，改善体育舞蹈运动员的身体形态，提高体育舞蹈运动所需要的各种身体机能，以适应体育舞蹈训练和比赛，提高体育舞蹈运动的成绩。在体育舞蹈训练系统中，体能训练的目的旨在：

（1）全面发展体育舞蹈练习者的身体机能，加强并完善运动器官、心血管与呼吸系统及植物性神经与中枢神经系统的运动功能。

（2）提高健康水平，增强训练能力。

（3）发展体能：发展体能包含掌握体育舞蹈动作的各项技能，达到动作完成的质量要求。例如，幅度、速度、力量、协调、灵敏等等。

（4）改善身体的形态特征。

体能训练是训练体系中至关重要的环节，除有科学严谨的训练计划和良好的训练方法以外，在体能训练实践中经验的摸索与积累也非常关键，尤其是对应的专项体能训练，这对于每个具体执行训练的教练来说很重要，一定要把握住该项目的体能特征和体能要求，做到有的放矢。

二、体能训练的分类

各个专项的体能需求千差万别，体能训练分为一般体能训练和专项体能训练。前者指运用多种非专项的体能训练手段所进行的，旨在全面提高运动员身体形态、机能、素质和健康水平的基础性体能训练；后者指采用各种与专项有紧密联系的训练手段所进行的，旨在提高专项体能训练水平的专门性体能训练。

（一）一般体能训练

一般体能训练是指运用多种非专项能力的体能训练手段所进行的，旨在增进运动员的身体健康，提高各器官系统机能，全面发展运动素质，改善身体形态，掌握非专项的运动技术、机能和知识，为专项成绩提高打好基础。由此可见，一般体能训练不是针对人体某一具体项目的体能训练，旨在促进练习者健康与全面的体能发展，为今后的训练奠定良好的基础。在一般训练阶段，并不需要过多地强调专项运动的训练和能力。在一项运动中，往往是身体的各项运动素质同时参与，而各运动素质之间又相互促进、相互制约，表现为运动素质的综合性，因而，在一般体能训练中，强调的是身体运动的基础与全面能力的训练，随着运动训练水平的不断提高，一般体能训练在不同的训练阶段就表现为专项体能训练的前提条件、辅助条件和提升条件等。

发展一般体能训练所采用的内容与手段也是多种多样和具有普及性的训练，只要是对全面发展运动素质、身体机能有益的身体练习手段，如球类运动、跑步、游泳、滑雪、划船、骑自行车、各类体育活动与体育游戏等。

在专项训练的各个阶段，决不能忽视一般身体能力的训练。如果一个优秀运动员只重视专项体能训练，会破坏人体素质的整体协调能力的发展，因身体能力的短板效应，也会导致运动成绩下滑，或运动创伤的反复出现，甚至过早地中断运动生命。因此，一般身体能力训练强调的是人体多因素综合参与运动的训练过程。

（二）专项体能训练

专项体能训练是指采用针对专项运动技能的专项素质的练习，以及与专项有紧密联系的专门性体能训练，最大限度地发展与专项成绩有直接关系的专项素质，为顺利掌握并能够高质量完成特定运动项目而进行的专门训练，以保证掌握专项技术在比赛中的有效应用，从而创造优异成绩的训练。

从查阅难美项群研究的资料来看，如竞技体操、艺术体操、健美操等，几乎所有的研究者在对难美项群的传统理论和运动实践深入研究后，都一致认为难美项目的人体运动能力应该分为七项：柔韧性能力、力量能力、速度能力、弹跳能力、平衡能力、协调能力、耐力能力。决定这一差别的原因在于，一般运动理论的代表认为弹跳力应属于力量能力或速度能力的范围，而协调能力本身就包含了平衡能力。相比其他的难美项群，这七项素质也是体育舞蹈所要求的重要身体素质，因而，当涉及人体运动能力分类的理论与实践问题时，笔者建议依照体育舞蹈体能定义的七项分类实行。

（1）柔韧性能力——关节的灵活性——主动和被动地完成大弧度动作的能力。

（2）力量能力——在动力性或静力性时，肌肉用力克服外力动作的能力，包括伴随性外力动作与对抗性外力动作等。

（3）速度能力——在单位时间内快速完成动作的能力。

（4）弹跳能力——起跳高度的能力，取决于速度——力量的能力。

（5）平衡能力——保持静力性和动力性稳定姿态的能力。

（6）协调性能力——合理分配肌肉活动的能力。在这里也同样含有灵活性的概念：灵活性——快速转换动作姿态与快速掌握新动作的能力。

（7）耐力能力——抗拒疲劳的能力。

随着体育舞蹈竞技层次的逐级提高，在体育舞蹈界也有些教练在做系统的体能尝试，而体育舞蹈是多结构的运动项目，标准舞和拉丁舞在体能特征上还是略有差距的，十个舞种的风格特征各异，因而练习者必须具备与之相应的身体条件和体能素质，才能够完成体育舞蹈运动的各种动作。对体育舞蹈运动而言，协调性能力、平衡能力、柔韧性能力是最重要也是必须最大限度发展的能力。

通过对体育舞蹈运动特点和体育舞蹈竞赛特点进行研究，体育舞蹈体能训练以提高动作的整体协调性为最终目的。所以，不能单以速度、柔韧性、力量、耐力、协调性等单一指标的绝对数值作为评定运动水平高低的结论，而应该体现在不同动作间整体的表现上，每个动作要素的整体表现效果是核心，强调灵活流畅协调的动作单元和细节，这是体育舞蹈训练的主干。在安排体育舞蹈体能训练时，要合理地选择体现训练效果的动作，训练的任务就是要注重对肌肉能力和中枢神经能力的培养，即整体协调性的训练。

三、体育舞蹈体能训练的原则

（一）适应性原则

选择最佳的最能适应练习者和运动项目特点的训练手段，使练习者的身体素质及各种能力得以均衡地提高与发展。适应性原则同时还表现在选择合适的年龄段和时间去发展各项运动素质。专项身体素质训练的实施与评价，要考虑练习者的年龄段（敏感期），应该在发展身体素质最有利的年龄段进行练习。

（二）结合性原则

在体育舞蹈的主要动作中，采用组合训练的方法，选择结构最接近最相似的动作同时展开训练。在运动训练过程中，切实做到体能训练、专项能力和个人特点的统一。越是优秀的运动员，个人特点的作用就越突出，因而在身体训练中，要充分发展运动员有利于专项能力提高的个人特点，逐步改善不利因素的功能，利用整体协调的训练，尽量减少消极的因素。把个人特点与专项能力、身体训练科学地融为一体，才能最大限度地挖掘人体运动能力。要全面发展体育舞蹈运动项目中的技巧动作、传统动作及创新动作。

在体能训练中，要结合体育舞蹈的专项特点进行，如灵活性训练可采用复杂的协调性动作练习、游戏活动练习及接力赛练习等。柔韧性训练主要是发展踝、髋关节的动力性练习，加强椎骨及肩部关节的弹性伸展、摆动、姿势固定及放松等练习。力量训练主要是注重手臂、腿和躯干力量的练习，可应用的手段有弯曲与伸直、外展与内收，以及跑、跳、弓步、下蹲等动作的循环练习。速度训练主要是完成高难动作所要求的反应速度练习、身体速度练习、单位时间内要求达到的运动频率的练习。弹跳训练主要追求的是起跳的力量、速度和高度的练习，跳跃高度与跳跃耐力的练习。平衡训练是在难度增大的条件下，保持平衡姿势的稳定性练习，手段包括：动力性动作训练；刺激前庭分析器训练；无视觉的控制；支撑点的支撑面减小与支撑高度增加等。耐力训练是指在疲劳状态下，高质量、高规格地完成各种动作的练习。

（三）超前性原则

相对于技术训练而言，身体素质的训练和发展要超前。不同的训练阶段，一定是身体能力先行，才有可能奠定对技术学习和发展的基本条件。在体育舞蹈技术训练过程中，技术理念、技术环节和技术细节的高度体现，要取决于良好的身体素质。因而在我们的训练中，体能训练要有超前意识，还需要有超越现有体能要求的意识，因为良好体能的储备对发展技术能力也是先决条件。在体育舞蹈项目中，随着竞技程度的日益激烈，看似并不需要太超越体能极限的动作技术去取胜，然而能获得裁判高分和观众认可的往往是参赛选手的"绝活"，这些绝活是需要突破选手个人身体能力极限去完成，以获取超越竞争对手的绝对优势。

四、体育舞蹈专项体能训练的方式

体能训练是指在保证动作完成质量的前提下，不断加大运动负荷范围和运动强度的训练。严格地讲，就是高质量完成动作的耐力训练。重要的是要掌握体能训练的正确方法，及恰当的运动负荷量与强度。

体能训练是训练体系中至关重要的环节，除有科学严谨的训练计划和良好的训练方法以外，在体能训练实践中经验的摸索与积累也非常关键，应该说，理论教学和训练实践是相依相辅、密不可分的。

在重大的国际比赛中，来自世界各国的参赛选手都要进行赛前训练。常用完成超出成套参赛动作的训练量进行包括排除心理压力在内的赛前准备练习。但也必须考虑到，当赛前训练的负荷量增大至 1.5 ~ 2 倍时，将给比赛带来体能与精神方面的不利影响。计算数据证明，国家级优秀运动员在国际大赛期间，应该具备每天能够完成 30~50 支舞蹈成套动作的体能潜力。

体能训练的基本方式如下：跑步、越野跑、游泳；连续 15 ~ 20 分钟的综合性健美操或节奏操练习；连续 15 ~ 20 分钟的不同风格的舞蹈基本练习；系列跳跃动作练习，如持绳跳练习等；成套动作框架练习；成套动作短暂间隙的循环练习；其他舞蹈的形体训练，特定的体能训练方式，如身体核心能力的训练等。

训练中对综合有氧无氧耐力估计不足，是体育舞蹈专业人员始终存在的问题。应该注意到不断变化的大负荷运动能力的训练，对练习者的健康和运动寿命有着重要的联系和影响，甚至要掌握正确的呼吸方法——不加速，也不拖延，通过鼻腔均匀有力地呼吸。

五、体能恢复性训练

康复—恢复性训练是为消除大负荷运动后的不良影响，针对体能全面恢复的训练。体育舞蹈运动要特别注重运动员的神经系统和支撑运动部位（脊柱、踝关节、膝和髋关节）的康复—恢复性训练。

在运动员大负荷运动训练体系中，预防劳损性练习与恢复性练习同样重要。在开始训练前必须进行预防劳损的练习，训练最后还要做恢复—康复性的练习。这里推荐几项成功的恢复—康复性措施：专业保健师带揉捏的按摩；指导队员正确的坐姿、躺姿；水疗恢复—淋浴、桑拿游泳、海滨日光浴游泳；摄入维生素—鲜水果蔬菜、功能饮料、多种维生素片等；被动性睡眠—白天午睡、晚上充足的睡眠；情绪恢复措施—出席音乐会、看电影、参加舞会、户外旅游等。

第二节　体育舞蹈专项体能特点

众所周知，良好的体能是提高运动成绩的基础，也是运动员承受大负荷训练和高强度比赛、获得优异成绩的前提条件。各个运动项目对体能的要求有着很大的差异，因而对体能训练的研究，一定不能脱离专项。所有体能训练的内容、体能训练的方法以及体能训练的设计都要遵循该项目的体能特征。体育舞蹈项目的体能其他固有的一种构成，我们从比赛时体能负荷特点就可以得出体育舞蹈的体能特征和对各项身体素质的要求。

一、体育舞蹈项目比赛的体能负荷特点

在一些重大的国际与国内的体育舞蹈比赛中，来自世界各国和各地的参赛选手都要进行多轮次的淘汰比赛，才能最后进入6名次或者8名次的决赛轮次。绝大部分的比赛每一轮次的舞蹈是5支舞，每一支舞的时间是1分半（维也纳华尔兹和牛仔舞除外）。每一支舞的间歇15～30秒钟。当然轮次与轮次之间的间歇时间则根据组织方的赛程安排。但就一般情况而言，选手所面临的常规的体能负荷特点是既要具备一分半钟全力以赴完成一支舞蹈的动作能力，同时又要有短时间间歇持续作战的能力。在标准舞和拉丁舞中，每个舞蹈的用力特点及供能方式上也略有差别。根

据现在国内外的几个重大比赛的重要组别，如国内锦标赛的 A 组、专业院校组、英国黑池的业余组等，要想进入决赛至少要比到 5 ~ 6 轮，一天之内要跳到 25 ~ 30 支舞蹈。很明显，这样的一种竞技强度，既要求单支舞的力量耐力和速度耐力，又要有舞蹈与舞蹈之间、轮次与轮次之间的快速恢复能力，以利于每个舞蹈都能发挥最佳水平。

常用完成参赛成套动作 2 ~ 3 遍的训练量，进行包括排除心理压力在内的赛前准备练习。但也必须考虑到，当赛前训练的负荷量增大至 1.5 ~ 2 倍时，将给比赛带来的体能与精神方面的不利影响。计算数据证明，国家级优秀运动员在国际大赛期间，应该具备每天能够完成 9 ~ 20 遍成套动作的体能潜力。

二、体育舞蹈项目对各项运动素质的要求

（一）对力量素质的要求

体育舞蹈是表现力与美的典范，没有力量就无所谓体育运动美的体现。要分析和掌握体育舞蹈力量的作用规律，就必须了解内、外力及其相互作用。在体育舞蹈中，每个动作都通过男女舞蹈者之间的相互作用力（内力）和地面对他们的反作用力、摩擦力（外力）来完成，以及双人间的对抗性和引导型力量。外力是能观察到和感觉到的，而内力往往不为人所察觉。在一定条件下起主导作用的内力，使环境中的外力适应动作的要求。体育舞蹈内容多且复杂，因此，良好的力量素质是体育舞蹈选手体能建设的保证，是漂亮完成成套动作的基础。肌肉力量是基础力量，肌肉要对不同的训练内容和训练负荷逐步地适应，内容从少到多，负荷从小到大直至极限，而这个适应过程就是肌肉对各种不同刺激的记忆和感觉过程，这一过程所承受的"量"称为能力，并且这一过程所产生的结果即是通常所说的肌肉记忆能力。在舞蹈演绎中，肌肉能力的爆发适度往往能使舞蹈的展现起到画龙点睛的效果，将舞蹈作品内容展现得淋漓尽致。整体力量就是选手从事专项活动时各运动环节协调一致所表现出来的综合力量，它是选手专项能力的基础。

根据肌肉收缩形式，力量有静力性力量和动力性力量。选手在比赛中必须保持良好的身型和仪表。特别是标准舞比赛，选手必须自始至终都保持腰部肌肉收紧，上体保持稳定，充分地体现出选手身体内在肌肉的静力效应。一些步伐（以华尔兹为例）旋转步（如外侧旋转步）、轴转步（双左旋转步）等旋转和摆动（如箭步）的

动作都是动力性力量的体现。根据力的表现形式，力量有最大力量，要求男女舞伴都具有强有力的腰、背、腿和手臂力量。尤其是男士，体育舞蹈中男舞伴需要最大力量进行稳固支撑、引导和给予女舞伴助力，以便女士充分展示动作（如高位撇转）。

从体育舞蹈项目特征分析，大多只在体育舞蹈动作的某环节或某节拍需要爆发力，以表达舞蹈种类意境（如火箭步）。跳起以及改变虚支撑面角度的重心前倾的跨步（如 Check）等。

速度力量是体育舞蹈中最主要的力量，它是在有限的时间内伴随音乐持续不断地控制肢体关节各肌肉，展示体育舞蹈速度美的力量。选手必须在每拍做一个或两个以上的技术动作，特别是拉丁舞，选手每分钟要做大约 150 个动作，平均每秒要做 2 ~ 3 个动作，动作速度快，难度很大。

另外，根据体育舞蹈的项目特点，体育舞蹈的专项力量还包括双人间的对抗性和引导型力量。力量是速度的前提，当今体育舞蹈技术难度大大增加，选手在比赛中更加注重动作速度与力度的体现。因此，体育舞蹈的专项力量训练在体能训练中的地位不容改变。

（二）对速度素质的要求

速度在许多运动项目中被看作决定性的因素。随着选手竞技水平的提高，比赛节奏越来越快，速度对许多动作的转换和完成质量都很重要。速度是舞蹈动作流畅的前提，如果动作跟不上音乐节奏，就谈不上舞步的轻快灵动与了。拉丁舞，奔放热情、亢奋热烈的风格特点更需要速度来体现。以拉丁舞中的桑巴为例，它是 2/4 拍，每分钟 52 ~ 54 小节，在一小节里既要做脚掌的转动，又要做脚踝的升降还有膝盖的弯曲以及跨步，身体、手的动作。如果没有具备良好的快速移动能力，舞蹈中那些令人眼花缭乱的旋转与变化多端的动作将无法很好地完成。

（三）对柔韧素质的要求

柔韧素质是指人体各关节在不同方向上的运动能力以及肌肉、韧带等软组织的伸展能力。表面上看，在拉丁舞和摩登舞中，只有部分造型有对柔韧素质的要求，其实不然。实践证明，柔韧素质能促使选手更快地掌握动作技术、提高动作质量、提高选手的机体活动能力，也能延长运动寿命、防止选手的运动损伤等。传统的运动训练当中，对体育舞蹈选手的柔韧素质较重视肩、胸、腰、髋、膝、踝的灵活性。这对完成技术动作的幅度、开度和表现是非常有利的。

（四）对耐力素质的要求

耐力素质是指机体坚持长时间运动的能力。随着体育舞蹈竞技水平的提高，体育舞蹈竞赛竞争相当激烈，正式的体育舞蹈比赛，虽然每种舞比赛的时间只有 1 分钟左右，但由于节奏快、技术要求高，同时为了赢取比赛，选手往往会跳很多难度较高的动作，如加快旋转的速度、步法上更加多变等，这就使动作的强度大大地增加了。根据能量连续统一体的概念，1 分钟左右的大强度运动，属于无氧耐力动作范畴，但在实际比赛中，选手需要连续完成多个舞种、多个场次的比赛，持续时间长，因此体育舞蹈属于有氧和无氧混合的项目，对耐力的要求较高。

体能训练中的运动耐力主要指大强度长时间从事专项活动的能力。选手体能训练的运动耐力水平主要取决于以下因素：①功能系统的机能能力；②比赛中有效地利用机能潜力的能力；③疲劳情况下的心理素质和意志品质。体育舞蹈高组别选手必须参加 5 种舞比赛，而每种舞比赛的时间在 1 分 30 秒~2 分钟之间。且由于音乐节奏快，选手必须在极短的时间内完成许多难度很大的动作，而且每个舞种比赛的间隙时间又很短（一般 30 秒左右），因此选手的运动强度是很大的。因此，体育舞蹈选手（尤其是全能选手）必须提高无氧耐力运动能力，以更好地适应比赛中大强度运动的需要，提高竞争能力。

（五）对协调灵敏素质的要求

体育舞蹈较其他项目动作更丰富、更复杂，因此需要选手有更好的身体协调能力和灵活性。协调能力主要表现在完成动作时全身的有机配合，在体育舞蹈中，主要是肌肉紧张与放松的协调、选手内在感受与外在表现的协调、音乐节奏与动作节奏的协调、男女双方配合的协调等。灵活性是指快速制动和转换身体动作与方向的能力，只有具有良好的灵活性，选手舞动时的移动与造型才能变得更加合理和自然。灵敏素质练习一般应安排在训练课的前半部分，在选手精神饱满、体力充沛、运动欲望强和兴奋性高的状态下进行。

1. 准确的时空判断和精确的肌肉本体感受

体育舞蹈是典型的双人舞，舞伴间不同的舞蹈动作有着紧密的联系，运动员在高质量地完成成套动作的整个过程中，对本体和舞伴运动的方位、角度有着严格的要求。尤其是完成一些高难度的身体动作、舞伴间动作的配合，运动员不仅要对自身肢体方位进行精确控制，还要给予舞伴正确方位的引带和控制。因此，在完成成套动作的过程中，肌肉本体感觉的强弱，不仅直接影响运动员对身体姿态的控制能力，而且影响对舞伴引带用力的大小、方向，决定了最终呈现出的效果。总之，体育舞蹈运动员只有具备准确的时空判断能力和精确的肌肉本体感受，才能控制身体动作、引导舞伴在时空上的准确性，保证整体的运动轨迹及运动效果。

2. 快速的反应能力和应变能力

体育舞蹈技术复杂多变，技术动作的完成是在一瞬间通过视觉、听觉、动觉的协调配合做出快速反应的。运动员不仅要在规定的时间内对各种不同性质的动作快速感知，同时还要使各有关分析器兴奋与抑制灵活转换，使动作与音乐协调配合、有节奏地完成。从目前国际体育舞蹈技术动作的发展趋势来看，套路动作的节奏明显加快，动作数量增多，密度加大，对运动员的快速反应能力和协调能力提出了更高的要求。在国际高水平比赛中，每一组所有运动员同场竞技，并在规定的时间内展示自己的套路组合，在动作速率极快的情况下，运动员必须对场上千变万化的信息做出快速、有针对性的决策，从而合理运用技术动作，正常发挥技术水平。

（六）对弹跳素质的要求

体育舞蹈中的弹跳，并不等于传统概念中的跳跃，单纯追求高度。体育舞蹈的弹跳具有很高的技术性，对节奏、跳起姿态、轻巧程度、身体线条、身体控制、舞蹈韵味、面部表情等都有较高的要求。摩登中的快步、拉丁中的牛仔等都需要良好的跳跃技巧，因为很多动作不仅有跳起还有旋转。例如在一些跳起的造型中，需要选手跳起一定的高度，且步伐轻盈，当身体腾空以后，还要创造空中的姿态，维持优美的线条，并且在空中找到停顿感，若有旋转动作，还要完成转度。此时不仅需要腿部的力量，同时需要腰部与腹肌的控制、手臂力量的运用、脚与脚踝的蹬力和整个身体的控制力等，即力量素质。由此可见，体育舞蹈中的弹跳技巧是非常复杂且综合性极强的技术，需要良好的力量基础才可以完成。

（七）对平衡素质的要求

人体平衡能力一般分为静力性平衡和动力性平衡两种。静力性平衡能力是指身体处于相对静止状态，控制重心的能力；动力性平衡是指身体在运动过程中控制重心和调整姿势的能力。这两种平衡力对体育舞蹈选手而言是必不可少的。

以动态平衡在体育舞蹈中的运用为例。跳跃后的下落需轻巧平稳，一个跳起造型动作的结束通常以落地为结束标志，也可以说运动员落地的稳定性直接关系到动作成功与否。稳定的落地动作不仅能为运动员的参赛动作赢得高分，也能为运动员的安全提供保障。运动员落地的稳定性与完成的动作质量、落地动作是否符合力学原理及身体平衡能力相关。而运动员下肢肌肉力量是制约动作完成质量、身体平衡能力的关键。归根结底，运动员下肢肌群的力量大小决定着空中和落地姿态，力量还是体育舞蹈运动员最基础的素质。

第三节　体育舞蹈体能评定及训练

一、柔韧素质评定方法与训练发展

（一）发展柔韧性的理论基础

柔韧性能力是指关节的灵活性，即主动和被动地完成大弧度动作的能力，因而柔韧又分为主动柔韧性和被动柔韧性两类。其中主动柔韧性取决于关节及关节周围肌肉的张力；被动柔韧性表现为外力作用下关节及关节周围肌肉的张力。影响柔韧性的主要因素如下：关节结构、关节形状及关节面大小；连接肌腱以及肌肉的长度和弹性；调节肌肉紧张度的中枢神经系统的状况；环境温度：环境温度越高，柔韧性越好；昼夜周期：早上柔韧性下降；疲劳状态：疲劳时被动柔韧性提高，主动柔韧性减弱；遗传、性别及年龄：儿童及女性的柔韧性较好。

发展柔韧性的手段：放松性练习一般按照 12%~15% 的比例递增练习；重复弹性动作；被动地保持最大幅度动作；主动保持最大幅度动作；逐渐增大幅度的摆动。

在体育舞蹈运动中，柔韧性练习对身体姿态的控制和完成高难度动作有着极其重要的作用，无论在哪一阶段的训练中都应该给予最大的重视。

在第一个训练周期，柔韧性练习要循序渐进，每隔一天训练一次，以便身体各部位都能适应训练。以后则需要每天进行训练，以免柔韧性反弹或不能更好地发展。

在正式进行柔韧性训练前，先要有充分的热身性准备活动，预防身体损伤；训练的最后还应安排恢复性练习。

（二）柔韧性评定的测试

1. 足部、膝部测试

（1）半蹲时踝关节的角度。

开始姿势：站立，双臂前举，半蹲。

控制姿势：3 秒。

测试参数：测量小腿与脚背之间的角度。

（2）站立在体操凳上踝关节的角度。

开始姿势：站立在靠近体操肋木的体操凳上，双手胸前扶肋木，腿伸直，脚后跟向下垂。

控制姿势：3 秒。

测试参数：测量小腿与脚背之间的角度。

（3）双脚站立分开。

开始姿势：靠近并侧对体操肋木站立，左手在腰部处扶肋木，右手叉腰。双脚分开至最大外展姿势。

控制姿势：3 秒。

测试参数：测量双脚分开的角度。

（4）站立在椅子上身体前屈。

开始姿势：站立在稳固的硬椅上面，身体前屈，双手向下，尽量延伸触地。

控制姿势：3 秒。

测试参数：测量从椅子平面到双手中指间的距离。

2. 肩关节、腕部测试

（1）肩关节伸展的角度。

开始姿势：背向墙壁坐立，双手高过头部最大限度地伸直扶墙。

控制姿势：3 秒。

测试参数：测量双臂与背部之间的角度。

（2）双手持绳转动肩部。

开始姿势：用厘米做单位记号，双臂伸直由前向后和由后向前转动绳子。

控制姿势：3 秒。

测试参数：测量直臂转动时双手间的距离。

（3）腕关节伸展的角度。

开始姿势：支撑跪坐，手指尖朝向身体，手掌尽量撑地。

控制姿势：3秒。

测试参数：测量小臂至手腕背部的角度。

3. 脊柱关节测试

（1）俯撑上体后屈。

开始姿势：俯卧，双手支撑，体后屈。头部最大限度地接近臀部。

控制姿势：3秒。

测试参数：测量头部到地面的距离。

（2）桥。

开始姿势：双脚分开站立，两臂上举，身体最大限度地后屈成桥。

控制姿势：3秒。

测试参数：测量从脚后跟到双手中指间的距离。

（3）躯干转动。

开始姿势：跪坐在椅子上，两臂侧平举，躯干最大限度地左右拧转。

控制姿势：3秒。

测试参数：测量两臂的水平轴和髋关节轴的角度。

4. 髋关节测试

（1）横劈腿。

开始姿势：可在平地上做，也可在两边垫有40厘米高物的中间横劈腿。

控制姿势：3秒。

测试参数：测量从地面至尾椎骨的高度。

（2）仰卧前举腿。

开始姿势：仰卧左（右）腿向前上方举起，臀部不离开地面。

控制姿势：3秒。

测试参数：测量前腿脚后跟到支撑点的距离。

（三）发展柔韧性的综合练习

1. 发展踝关节柔韧性的练习

练习1：

开始姿势：跪坐，双手体后撑地，提起双膝，身体向后从脚背向脚趾方向滚动，后还原。

练习 2：

开始姿势：单腿跪姿，另一腿提膝，脚尖触地，向前和内侧极限压脚背。

练习 3：

开始姿势：坐姿，两腿并拢伸直，双手压住双膝，勾脚，身体尽量向前屈。8 次，4 组。

练习 4：

开始姿势：坐姿，两腿并拢伸直，手撑地。单臂上举，异侧腿最大限度地外旋上举触及上举手臂。右脚 8 次，2 组。左脚 8 次，2 组。

练习 5：

开始姿势：双膝分开跪立支撑，上体直立，臀部尽量向下坐地。同样，也可仰卧：两腿弯曲并尽量向外分开，两脚背绷直。8 拍，2 组。

2. 发展膝关节柔韧性的练习

练习 1：

开始姿势：坐姿，双腿并拢置于高处，双手后撑，另一人坐于练习者膝关节处。8 拍，2 组。

练习 2：

开始姿势：俯卧，两臂上举，借助舞伴帮助，向后上方外展至极致。8 拍，2 组。

练习 3：

开始姿势：站立，两手握绳自然下垂，双臂由前向后及由后向前转肩。10 次，2 组。

3. 发展脊柱柔韧性练习

练习 1：

开始姿势：两人面对面站立，男伴扶住女伴的腰部，做弹腰动作。10 次，4 组。

练习 2：

开始姿势：俯卧，双手上举，借助同伴的力量挺身后屈。8 拍，4 组。

二、力量素质评定方法与训练发展

（一）发展力量素质的理论基础

力量是指人体克服外部阻力及反作用力的能力。按照一般的运动训练学理论，力量能力划分为 3 种：最大力量、速度力量、耐力力量。体育舞蹈负荷专项特征的力量划分应该是静力性力量、动力性力量、爆发性力量。

（1）静力性力量：含有较小的活动性动作；表现在对身体姿势的控制及身体某部位对重量物体的举起、拉伸、按压和下蹲等动作。

（2）动力性力量：表现为大移动性动作；场地跑、场地跳跃、场地滑行、场地跳跃性动作等。

（3）爆发性力量：表现在单一的动作中，如转、跳等。

在体育舞蹈运动中，发展力量的理念如下：①具备克服身体本身或身体某部分重量的力量。②具备克服自身或舞伴施加的阻力的力量。③具备借用舞伴之间的力量，达到借力发力的目的。

根据解剖学特性，分类进行力量练习：发展手臂和肩部、腰部肌力量的练习；发展躯干和腿部肌力量的练习。

重复用力方法：

（1）规定完成练习的次数。

（2）极限次数——根据自身力量条件，最大限度地设定完成练习的次数。

动力性用力方法：在规定时间内，最大次数地完成动作；

静力性用力方法：固定某种姿势，保持到足够长的规定时间；

最大用力方法：最大负荷地去完成练习。

（二）力量素质评定与测试

1. 腿部力量测试

（1）提踵立。

开始姿势：右脚站立，左脚弯曲触及膝关节，两臂侧举。高提踵立和落踵练习。

控制姿势：3 秒。

测试参数：记录不降低动作完成质量的提踵次数。用同样方法完成左脚的练习与测试。

（2）单腿前举控制练习。

开始姿势：两臂水平侧举，右腿前举至 90°，左脚提踵立。用同样方法换右脚练习。

控制姿势：3 秒。

测试参数：测量不低于水平角度的控制。

（3）仰卧分腿。

开始姿势：仰卧，两臂侧平放，双腿并拢垂直上举并最大限度地分开，脚触及地面。

控制姿势：3 秒。

测试参数：记录 20 秒完成动作的次数。

2.腹部力量测试

（1）八级俯桥。

开始姿势：俯卧肘撑，头、躯干和双腿在同一额状面上。

第一级：静力俯撑，30 秒；第二级：抬起右腿，俯撑 15 秒；第三级：抬起左腿，俯撑 15 秒；第四级：右手前伸，俯撑 15 秒；第五级：左手前伸，俯撑 15 秒；第六级：抬起左腿，右手前伸，俯撑 15 秒；第七级：抬起右腿，左手前伸，俯撑 15 秒；第八级：回到初始动作，俯撑 30 秒。每一级之间无间歇，如出现不规范动作，提醒一次不能正常完成标准动作，则视为该受试者无法完成该级别动作。

测试参数：记录完成级数。

（2）交叉仰卧起坐。

开始姿势：四肢抬离地面，用一侧手触对侧脚，连续交换练习。

控制姿势：3 秒。

测试参数：记录 30 秒动作完成次数。

（3）控制角度。

开始姿势：直角坐，双臂侧举或前举，双脚并拢前举成 135° 度角。

控制姿势：3 秒。

测试参数：测定控制时间。

（4）五级侧桥。

开始姿势：侧卧肘撑，身体各部分在同一额状面上，腿和躯干的角度为 180°。

第一级：静力侧撑，30 秒；第二级：抬起非支撑腿，侧撑 15 秒；第三级：向前摆腿到最大幅度，头、躯干和支撑腿保持同一矢状面，侧撑 15 秒；第四级：向后摆腿到最大幅度，头、躯干和支撑腿保持同一矢状面，侧撑 15 秒；第五级：回到开始姿势，侧撑 30 秒。每一级之间无间歇，如出现不规范动作，提醒一次不能正常完成标准动作，则视为该受试者无法完成该级别动作。

测试参数：记录完成级数。

（5）躯干后屈转肩。

开始姿势：俯卧，两腿固定同肩宽，两臂上举，两手指相握，躯干快速抬起至与地面垂直后肩部左右旋转。

控制姿势：3秒。

测试参数：记录30秒抬起的次数。

（6）躯干控制。

开始姿势：俯卧，两腿分开稍宽于肩，两臂上举，双腿、躯干和双臂同时抬起至离地35厘米以上并控制。

测试参数：测定控制时间。

3. 上肢及肩、腰背部力量测试

（1）加高俯撑。

开始姿势：双手同肩宽，双脚放在增高物上俯撑，双腿直膝与躯干成水平姿势并保持。

测试参数：记录姿势控制时间。

（2）俯卧撑。

开始姿势：双手同肩宽俯撑地，男受试者以脚为支撑，女受试者以膝为支撑，做俯卧撑（胸部须触地）。

测试参数：记录正确完成动作的次数。

（3）六级仰桥。

开始姿势：仰卧，屈膝，双脚脚跟着地，双手交叉放于胸前，髋部抬起，使躯干、髋和大腿在同一额状面，躯干部无向两侧的扭曲。

第一级：静力仰撑30秒；第二级：直膝抬右腿与左腿大腿平行，仰撑15秒；第三级：直膝抬左腿与右腿大腿平行，仰撑15秒；第四级：直膝抬右腿与左腿大腿平行后向外摆动到最大幅度，仰撑15秒；第五级：直膝抬左腿与右腿大腿平行后向外摆动到最大幅度，仰撑15秒；第六级：回到开始姿势，仰撑30秒。每一级之间无间歇，如出现不规范动作，提醒一次不能正常完成标准动作，则视为该受试者无法完成该级别动作。

测试参数：记录完成级数。

（三）发展力量的综合练习

1. 四肢肌肉力量练习

练习 1：

基本姿势：仰卧，直膝；髋部向上抬起；髋部在最高点的控制。30 秒，2 组。

练习 2：

基本姿势：仰卧，两腿上举至 90° 位置，两臂侧举；双腿并拢和分开。30 次，2 组。

练习 3：

基本姿势：双臂屈肘与肩同宽，双腿屈膝以足尖为支撑，收腹团身，低头收腹缩臀，保持膝盖与垫面间 1cm 距离。40 秒，2 组。

练习 4：

基本姿势：仰卧，两手自然置于身体两侧，双脚夹住瑞士球中部，并将球抬离地面 10cm，膝关节伸直，双脚连续用力夹球。40 次，2 组。

练习 5：

基本姿势：单脚支撑，另一只脚向后缚于无悬吊训练系统上；缓慢下蹲，至大腿与地面平行；向上跳起。膝关节不可内扣和超过脚尖，同脚尖方向。同样方法，换另一腿练习。每侧腿 15 次，2 组。

练习 6：

基本姿势：单脚支撑，另一只脚向侧缚于无悬吊训练系统上；缓慢下蹲，至大腿与地面平行；缓慢回到开始姿势；膝关节方向与脚尖方向一致，且不可超过脚尖。同样方法，换另一腿练习。每侧腿 12 次，2 组。

练习 7：

基本姿势：将弹力环缚于双脚踝关节位置，一侧腿支撑，直膝做另一侧髋关节的屈伸和外展。同样方法，换另一腿练习。每组动作每侧 30 次，2 组。

练习 8：

基本姿势：两人并排站立，将弹力环缚于两人相邻的踝关节处，两人同时向相反方向用力做腿内收动作。同样方法，换另一腿练习。每侧 30 次，2 组。

练习 9：

基本姿势：俯卧撑姿势，一手支撑于药球上；俯卧撑；迅速将药球拨到另一手支撑处，继续做俯卧撑——女性练习者可选用跪撑姿势。10~15 次，2 组。

练习 10：

基本姿势：俯撑于双耳药球之上进行俯卧撑（可抬起一腿以增加难度）；女性练习者可选用跪撑姿势。10~15 次，2 组。

2. 核心力量练习

练习 1：

基本姿势：俯卧，躯干抬起至 90°，两腿伸直同肩宽，两臂前伸，向右和向左转体。10 次，3 组。

练习 2：

基本姿势：俯卧于瑞士球上，双手支撑地面，直膝上摆至最大位置。30 次，2 组。

练习 3：

开始姿势：俯卧于垫上，双手交叉置于前额下，双腿直膝上摆至最大位置。30 次，2 组。

练习 4：

基本姿势：双膝跪立，两手撑地同肩宽，手臂弯曲和伸直；胸部接触地面，躯干伸直。25 次，1 组。

练习 5：

基本姿势：仰卧，两腿同肩宽，两膝弯曲，两手在头部后面，下颚触及胸部，双手捏耳朵，肩腰部抬起至 45°。25 次，2 组。

练习 6：

基本姿势：仰卧于瑞士球上，肩关节着球，双脚分开与肩同宽，髋关节与大腿在同一平面上，双手持实心球上举，保持身体其他部位姿势，直臂左右转肩。30 次，2 组。

练习 7：

基本姿势：仰卧，双腿弯曲，小腿置于瑞士球上，双腿股后肌部位紧贴瑞士球，两臂侧举，肩关节贴于地面，做髋关节的左右旋转。30 次，2 组。

练习 8：

基本姿势：跪于瑞士球上，双手撑于地面，保持该姿势，髋部左右转动。40 次，2 组。

练习 9：

基本姿势：俯卧，头、胸部和下肢均抬离地面，双腿上下连续快速打腿。60 次，

练习 10：

基本姿势：一人仰卧做直膝举腿动作，另一人在练习者举腿达到最高位置时给予不同方向的推力，练习者克服推力并完成举腿动作。30 次，2 组。

练习 11：

基本姿势：仰卧，头、肩部和下肢均抬离地面，手臂前伸，双腿上下连续快速打腿。60 次，2 组。

练习 12：

基本姿势：侧卧，双臂持实心球上举，另一人站立于练习者双脚处，手臂自然前伸，手掌面对练习者，持球侧起，使球触到站立者手掌。同样方法，换另一侧练习。每侧 30 次，2 组。

练习 13：

基本姿势：坐姿悬脚，双手持实心球，直臂做俄罗斯转体动作。40 次，2 组。

练习 14：

基本姿势：髋部在瑞士球上，呈侧卧姿势，双脚前后在一条直线上，抵墙，双手侧举，做躯干的侧起动作。同样方法，换另一侧练习。每侧 30 次，2 组。

练习 15：

基本姿势：俯卧肘撑于加高垫上，一腿折叠后伸，在保持该姿位的前提下单支撑腿做上下屈伸。同样方法，换另一腿练习。每侧 25 次，2 组。

练习 16：

基本姿势：仰卧，屈腿支撑，双臂上举，双手拉住弹力带，躯干向上抬起的同时，双手从头顶向下拉弹力带。30 次，2 组。

练习 17：

基本姿势：仰卧，肘撑在加高垫上，向上顶髋，使躯干、髋和下肢在同一条直线上，静力保持该动作，30 秒，2 组；或直膝抬起一腿，两腿交换抬起，每侧腿抬起保持 30 秒。2 组。

练习 18：

基本姿势：仰卧，双脚踩在小球上，做连续顶髋动作。40 次，2 组。

三、速度素质评定方法与训练发展

（一）发展速度素质的理论基础

速度能力（速度）是保证在最短时间内完成动作时人体机能特性的能力。速度能力的表现形式是有区别的。速度能力的基本形式有快速反应能力、快速完成单个动作的能力、快速启动动作的能力（剧烈动作）、最快频率地完成动作的能力。体育舞蹈运动中大部分竞技动作都要求包括上述形式在内的综合性速度能力的发展。

1. 发展速度的手段

（1）快速反应的练习。

①在变速运动中的身体动作进行不同程度的控制，如急停、快速起动等。

②选择性：按教练的意思完成动作。

（2）在体育舞蹈运动中，需要快速完成的动作，如起跳、旋转、部分两人配合的动作。

（3）必须用最快频率完成的移动，如快速跑跳步、牛仔舞的弹踢腿等。

2. 发展速度的原则

（1）选用已掌握好的动作；

（2）在精力充沛时进行练习，不延长练习时间；

（3）练习难度逐渐增加。

3. 发展速度的方法

（1）环境轻松，用游戏、比赛等方式完成练习；

（2）控制速度节奏——计数、拍掌、节拍器、音乐等；

（3）用接近极限的速度对规范性动作进行连续重复的练习；

（4）条件的复杂化——在急跃升状态下，在不舒适状态下，在带有不适应和意想不到的移动状态下练习；

（5）采用谁更快和谁更多等形式，进行比赛或游戏练习。

（二）速度素质评定的方法

测试 1：提踵立

基本姿势：站立，脚后跟并拢，脚尖分开，两肩下沉，两膝伸直。

测试参数：记录 10 秒钟完成提踵的次数。

测试 2：举腿收腹

基本姿势：仰卧，双腿直膝摆至与地面垂直，双臂举至头顶上方，保持该姿势。开始信号后，卷腹，双手碰触脚尖。

测试参数：记录 10 秒钟完成动作次数。

测试 3：立卧撑

基本姿势：蹲撑姿势，双腿同时蹬地呈俯撑姿势，迅速还原成蹲撑，原地向上跳起。

测试参数：记录 10 秒钟完成动作的次数。

测试 4：弓箭步交换跳

基本姿势：开始信号后，小跳起的同时完成双腿的前后交换，髋部不大幅上升，弓箭步幅度大。

测试参数：记录 10 秒钟完成动作的次数。

测试 5：单腿快速内收

基本姿势：左侧卧，右腿缚于 SET 悬吊绳上，将髋关节抬离地面，左腿上摆与右腿靠拢，保证头、躯干和下肢为同一直线，做左腿快速的内收和外摆动作。

测试参数：记录 10 秒钟完成动作的次数，换另一侧方向测试。

测试 6：向侧分腿

基本姿势：仰卧，两腿向前，两臂侧举。两腿用力向侧分腿至最大幅度，并快速并拢。

测试参数：记录 10 秒钟完成动作的次数。

测试 7：沿地面摆动劈叉

基本姿势：坐姿，两臂侧举。根据信号，单腿沿地面向后摆动成劈叉姿势，膝盖伸直，注意姿势。

测试参数：记录 10 秒钟完成动作的次数。同样方法，换另一侧腿完成。

测试 8：前摆腿

基本姿势：两手握横杆提踵立，单腿用力向上摆动至劈叉并力求最大幅度，腿落下时向支撑腿靠拢。两肩下沉，注意动作姿势。

测试参数：记录 10 秒钟完成动作的次数。同样方法，换另一侧腿完成。

测试 9：后摆腿

基本姿势：两手胸前扶墙提踵立，单腿用力向后摆动至劈叉并力求最大幅度，腿落下时向支撑腿靠拢。膝盖伸直，两肩下沉，注意动作姿势。

测试参数：记录 10 秒钟完成摆动的次数。同样方法，换另一侧腿完成。

四、弹跳素质评定方法与训练方法

（一）发展弹跳力的理论基础

弹跳力是指在最短间隔内，最大强度地克服地球引力的力量。具体表现为：在某一时间内，身体克服地球引力，转为无支撑状态。身体克服地球引力，获得无支撑状态的高度或远度是弹跳力指标的标准。弹跳力本身与弹跳耐力是两个不同的概念，必须加以区别。弹跳力是"速度—力量"素质，它取决于肌肉的力量、弹性和速度；此外，蹬地、腾空、落地等技术也有着重要的意义。弹跳耐力则是描述弹跳力保持能力的指标，是"耐力—力量"素质。

1. 发展弹跳力的手段

（1）发展腿部肌肉弹性—伸张的练习。

（2）发展腿部、足部、小腿和大腿肌肉力量的练习。

（3）发展肌肉收缩速度的练习。

（4）技术完善和研究的练习。

①落地。触地方式和上升起跳方式：蹬地的弹性动作，单脚和双脚跳，配合手臂、头、躯干等协调动作；

②腾空。腾空阶段跳的姿势。

（5）跳的远度练习。

（6）蹬地。起跳的高度和远度练习：向上升、越过障碍、目标定向等。

（7）跳跃耐力练习，一连串跳步组合、持绳连续跳等。

2. 发展弹跳力的方法

（1）反复地完成动作，但要有充分的间隔；

（2）速度准确定位；

（3）加大练习难度——在软或松散的场地，加大负重等；

（4）带游戏和比赛性。

（二）弹跳力评定的测试

测试 1：原地纵跳

开始姿势：基本站立。预先半蹲，双脚用力蹬地，尽量向上起跳（没有向下压弯曲动作），两臂配合向上摆动。

测试参数：将软尺固定在队员腰部，在软尺 100cm 处标明测试标记，完成 3 次起跳，记录最好一次的成绩。

测试 2：单脚原地纵跳

开始姿势：基本站立。预先半蹲，单脚用力蹬地，尽力地向上起跳，两臂配合向上摆动。根据软尺拉长度，确定起跳高度。

测试参数：软尺固定在队员腰部，下垂拉直，手柄固定在地面上。完成 3 次起跳，记录最好一次的成绩。

测试 3：立定跳远

开始姿势：基本站立，两脚分开与肩同宽，两脚用力向远起跳。

测试参数：测试开始姿势时足尖至起跳落地后与脚后跟间的距离。完成 3 次起跳，记录最好一次的成绩。

测试 4：跨步

开始姿势：基本站立，完成用左(右)脚原地蹬地向远的跳步，并用左(右)脚落地。测试参数：完成 3 次起跳，记录最好一次的成绩。

测试 5：分腿跳

开始姿势：基本站立，两脚用力蹬地分腿起跳，右（左）腿在前，左（右）腿在后，两腿开度不小于 170°。

测试参数：记录 10 秒钟完成分腿跳的次数。

测试 6：双摇

开始姿势：站立，双摇 1 分钟，出现第一个错误动作停止记录次数。

测试方法：记录完成双摇过绳跳的次数。

（三）弹跳力的综合训练

练习 1：

开始姿势：基本站立，两手叉腰，原地连续纵跳。40 次，2 组。

练习 2：

开始姿势：单腿站立，另一腿弯曲，脚尖触及支撑腿膝部，两手叉腰，单腿用力蹬地跳起。用同样方法换另一侧腿完成。20 次，2 组。

练习 3：

开始姿势：双脚蹬地跳起同时向右转体 360°，两臂积极配合蹬地动作，用同样方向左转体。10 次，2 组。

练习 4：

开始姿势：基本站立，双脚同时蹬地起跳并向前屈膝。20 次，2 组。

练习 5：

开始姿势：站立于台阶边缘，双脚脚掌处支撑，脚跟悬空，两手扶腰，完成连续提踵立。35 次，2 组。

练习 6：

开始姿势：站立于台阶边缘，左脚脚掌处支撑，脚跟悬空，两手扶腰，右脚悬空。

（1）左腿提踵立 35 次，2 组；

（2）右腿提踵立 35 次，2 组。

练习 7：

开始姿势：站姿，双手在腰部位扶肋木，两脚站立成一位姿势。完成：

（1）半蹲：1~2 拍半蹲，3~4 拍腿伸直 8 次，2 组；

（2）全蹲：1~2 拍全蹲，3~4 拍腿伸直 8 次，2 组。

（3）同样方法完成二、四、五位姿势的蹲。

练习 8：

开始姿势：面向体操肋木，双手肩部水平握住肋木，两脚用力蹬地跳起，两腿最大限度地向侧分开。

练习 9：

开始姿势：侧对体操肋木，一手在肩水平位握住肋木，另一臂积极配合动作分腿跳：

（1）右腿在前 10 次，2 组；

（2）左腿在前 10 次，2 组。

练习 10：

开始姿势：面向体操凳自然站立，双脚蹬地跳上体操凳，再从体操凳另一方向跳下腾空时双腿尽力伸直。20次，2组。

练习11：

开始姿势：侧向体操凳自然站立，双脚蹬地跳上体操凳，再从体操凳另一侧跳下，跳下腾空时双腿尽力伸直。20次，2组。

练习12：

开始姿势：侧向体操凳自然站立，双脚蹬地跳上体操凳，再从体操凳另一侧跳下，落地后双脚蹬地起跳越过体操凳，双臂积极配合动作的完成。15次，2组。

练习13：

开始姿势：面向体操凳站立，一脚站于体操凳上，另一脚地面支撑，做腾空交换腿跳动作。40次，2组。

练习14：

开始姿势：侧向体操凳自然站立，双脚蹬地跳起越过体操凳，再跳回到初始位置。20次，2组。

练习15：

开始姿势：侧向体操凳，一腿站立，另一腿弯曲，脚尖触及支撑腿的膝关节。单腿蹬地跳起并越过体操凳。

（1）右脚蹬地跳起12次，2组；

（2）左脚蹬地跳起12次，2组。

练习16：

开始姿势：面对栏架站立，三次连续向前跳跃后，做前后左右跳跃，之后继续向前跳跃。5次，3组。

练习17：

开始姿势：侧向面对栏架站立，双腿侧向跳跃连续跨越栏架。5次，3组。

练习18：

沙坑原地纵跳。40次，2组。

练习19：

沙坑半蹲跳。20次，2组。

五、平衡能力训练发展及评定方法

（一）发展平衡能力的理论基础

平衡能力是在不同的环境与条件下，保持身体姿势稳定的能力。从运动训练学方面来讲，平衡能力可以分为静力性平衡能力、动力性平衡能力。评价平衡能力的重要指标就是保持平衡的时间。在体育舞蹈的实践应用中，平衡能力反映出人体中枢神经系统功能的状态，是体育舞蹈运动员能力的重要标准。

发展平衡能力的手段：加强腿部和躯干肌肉力量的练习；减小支撑面的练习——双脚提踵、单脚提踵练习；加高支撑面的练习——在体操凳上、平衡木上练习；视线控制之外的练习——闭上眼睛练习；刺激前庭分析器的练习——头部动作、躯干弯曲动作、转体动作、滚动动作、翻转动作等；动作结束姿势的定位——转体、跳步、波浪等。

发展平衡能力的方法：转体；判断方位；在原有体育舞蹈平衡动作的基础上加大练习难度；游戏和比赛等。

（二）平衡能力的评定测试

测试 1：巴塞平衡起踵

基本姿势：右脚支撑提踵平衡，左脚弯曲触及右腿膝部。两臂侧举。同样方法，换左脚支撑。

测试参数：记录控制时间，不能移动和改变姿势。

测试 2：控腿平衡

基本姿势：右脚支撑提踵侧平衡，左腿上举，左手上举握住脚，右手侧或上举。保持姿势并完成 10 次立踵，之后一直保持立踵姿势。同样方法，换左脚支撑完成同样动作。

测试参数：记录控制姿势的秒数，不能移动。

测试 3：双眼闭目的巴塞

基本姿势：左脚支撑提踵的平衡，右脚前屈膝足尖触及左腿膝部，两臂侧举，闭上双眼。换右脚支撑完成。

测试参数：记录控制秒数，不能移动和改变姿势。

测试 4：平衡旋转

基本姿势：右脚支撑旋转 360°，左腿后举至 90°，两臂侧举。右脚支撑提踵立停住，保持平衡，左脚后举至 90°，两臂侧举。用同样方法换左脚进行。

测试：记录结束姿势保持的时间，到出现第一个错误动作为止。

六、协调能力的评定方法与训练发展

（一）发展协调能力的理论基础

一些国外的运动训练学专家通常将协调能力划分为六种形式：

（1）对动作的动力性和"空间—时间"参数的判断与调节能力；

（2）保持身体姿势平衡和稳定能力；

（3）节奏感能力；

（4）空间定向能力；

（5）随意放松能力；

（6）动作配合能力。

还有一些专家认为，除了以上六种形式外还有四种能力：

（1）变换动作能力；

（2）连接（组合）动作的能力；

（3）对变化的情况（位置）和不习惯动作及姿势的适应能力；

（4）对动作反应时间的控制能力。

体育舞蹈运动中，通常采用协调性和灵活性以及相适应的概念。

协调性是合理地组织肌肉群活动的能力，包括准确提供与身体运动相适应的速度和力量的能力。按照时间、空间和肌肉用力参数再现动作的准确性是评定协调性的标准。灵活性是身体本身及对外界快速反应的能力，包括快速掌握新动作和动作改变及变换环节的能力。

发展协调性和灵活性能力的手段有肌肉放松练习，快速反应练习，身体各部位间协调动作练习，按时间、空间和肌肉用力地变换参数再现动作的准确性练习，技巧动作练习，非常规动作灵活性比赛。

发展协调性和灵活性能力的方法有重复性、变换性，不同的开始姿势和结束，镜面完成，游戏和比赛，等等。

（二）协调性评定的测试

测试 1：箭步式和滑步式

基本姿势：仰卧，两手位于躯干旁边，两腿在水平面完成箭步式，两手在垂直面完成箭步式。每经过 5 秒钟根据击掌声变换动作：双腿在垂直面完成箭步式，而双手则在水平面完成箭步式。

测试参数：记录 20 秒内出现的错误次数。

测试 2：协调性综合练习 1

基本姿势：直角坐，右手位于腹部，左手位于头上。右手在腹部做画圆动作，左手在头部轻微敲击。同时，左脚掌做"外展—内收"动作，右脚掌做"伸—屈"动作。每经过 5 秒钟，根据击掌声变换动作：右脚掌做"外展—内收"动作，左脚掌做"伸—屈"动作。双手做同样动作。

测试参数：记录 20 秒内出现的错误次数。

测试 3：协调性综合练习 2

基本姿势：基本站立；1—双手叉腰；2—双手触肩；3—双手在背后；4—双手击掌；5—左手触鼻，右手触摸耳朵；6—双手击掌 1 次；7—右手触鼻，左手触摸耳朵；8—还原开始姿势。

测试参数：重复 4 遍，用时间和评分计算结果。

（三）发展协调性的综合练习

练习 1：骑自行车

基本姿势：仰卧，两臂体侧自然下垂，腿部动作骑自行车，均匀、依次进行腿部运动。15 秒，2 组。

练习 2：协调性综合练习 1

基本姿势：基本站立：右手弯曲，左手向下；左手弯曲，右手向侧；左手向侧，右手向上；左手和右手同上举；放下。

练习要领：开始稍慢，随动作完成的次数而加快动作速度；手臂变换姿势时，做到过渡准确。30 秒，2 组。

练习 3：协调性综合练习 2

基本姿势：基本站立—双腿起跳，落地成分腿站立，两臂前举—双腿起跳，落地成单腿站立，两臂自然下垂—双腿起跳，落地成分腿站立，两臂向侧举—双腿起跳，落地成并腿站立，两臂下垂。每组 8 次，2 组。

练习 4：协调性综合练习 3

基本姿势：基本站立—右腿在后，足尖点地，右手指触肩，肘向侧，左臂上举，头向右转动—右腿并拢，右臂下垂，头转向正前方—左腿在后，跳尖点地，左手指触肩，肘向侧，右臂上举，头向左转动—左腿并拢，左臂下垂，头转向正前方—向左转体 1 周，同时两手头上击掌，眼看双手—双腿起跳，空中屈腿，双手叉腰。每组 8 次，各 2 组。

练习 5：协调性综合练习 4

基本姿势：左脚支撑，右腿向前，两臂上举；向前翻转 1 周，向前滚动 1 周，向前滚动 1 次，体后屈。10~12 秒每组，5 组。

练习 6：协调性综合练习 5

基本姿势：基本站立；连续前后分腿跳，体后屈。10 次每组，2 组。

练习 7：背部向前的双脚远跳

基本姿势：基本站立；练习背部向前的双脚远跳。5 次，2 组。

练习 8：滚动

基本姿势：基本站立；向体左侧、右侧各滚动 5 次。每侧 5 次，2 组。

练习 9：游戏"企鹅跑"

基本姿势：排成纵队：第一位在高于膝部的双腿间紧夹排球或石棉球，到达 10~12 步位置处的"到达标志"后再返回；用手将球传给同队的下一名队员，依次进行，直到最后一名队员完成后结束。（比赛时间 3 分钟）

练习 10：过绳小跳

一人手持绳的一端，站在场地中间，沿地平面水平旋转打开的绳，旋转中绳经背后换至另一手。其他参加者围成圆圈站立，当绳经过脚下时快速从绳上跳过，凡脚碰绳或勾绳者罚下，退出游戏圆圈。一直到所有人退出游戏圈。

第四节　体育舞蹈形体训练的特点、内容、功能

一、形体训练的特点

（一）形体训练注重身体感觉的培养

在形体训练中，以摆动性动作、波浪形动作及弹性动作为基本运动形式。肌肉的合理紧张与放松是体现各类动作节奏性的关键，因此在动作中必须合理地调节参与运动的各肌肉群间紧张与松弛的关系，准确地运用和控制在不同空间及时间上的肌肉用力程度。只有这样才能避免不必要的肌肉紧张，使动作完成得自然、协调、流畅，能达到锻炼身体的目的，更主要的是塑造美好的形体。在动作的选择和教学过程中，注意培养学生养成收腹、挺胸、立腰的站立姿态及肢体动作，并尽可能地用长线条的动作来完成，以更好地塑造肢体的形态。身体动作与肢体动作的协调一致使动作更加优美。

（二）形体训练强调动作与音乐的和谐统一

音乐有助于练习者体会和感受各种动作的节奏、风格、速度、强度等特点及其变化；有助于合理调节肌肉运动的力度变换，从而培养其节奏感和协调性；有助于激发练习者的情感，发展其丰富的想象力与表现力。音乐的节奏和风格特点与所配的动作相互一致，两者相融才能使形体操更富有感染力，使其更加专注地投入练习，在完成动作的同时体会音乐的内涵，更好地完成动作，真正地达到愉悦身心的目的。

（三）形体训练必须合理运用轻器械

形体训练通过各种轻器械进行练习，能进一步发展动作的协调能力和提高肌肉用力的敏感性与准确性。器械是身体的延长部分，与身体构成统一的运动整体，协调一致，融为一体。可以加大动作的幅度，使动作更有节奏。器械不能被当作装饰，更不能静止不动，必须在完成各种身体动作的同时，充分合理地运用所持的器械，以体现出器械的运动特点与身体动作的完美结合。

（四）形体训练的运动强度适中

形体训练，无论是安排节奏欢快的动作还是舒缓流畅的动作，在教学过程中都会有放慢节奏的动作，让其更好地体会动作及身体感觉，这个过程中强度自然会逐渐上升。当进行整段或器械动作的练习时，运动强度就有所提高。虽然形体训练的强度不会很高，但能达到有氧训练的水平和锻炼身体的目的。

二、基本技术特点

（一）身体的挺拔感

基本的站立、行走练习中，首先要教给每一个学生身体挺拔向上的正确方法，重点强调收腹、立腰、挺胸、沉肩，在其他的一些动作中一样可以贯彻这一点。也就是说，通过形体训练，要让学生学会大胆地把胸挺起来，树立自信心，举止更加优雅。

（二）身体动作的紧张与松弛

许多学生学会收腹、立腰的站立后，身体有非常紧张的感觉，要教会学生配合动作调整好呼吸，提高对肢体的支配能力，使身体动作紧张有度，不会过度僵直。

（三）动作的伸展性

为了更好地塑造形体，要教会学生每一次抬手臂都要有手臂向远延伸的感觉，这个感觉并不是完全地伸直手臂，而是手臂和身体的形态一致，向一个方向延伸。腿的动作同样如此，每一次抬腿都应感觉腿在向远伸展，这一动作感觉要保证身体动作不变形。这几项基本技术，在教学中要逐步向学生渗透，不可刚开始教学就要求学生达到这三项要求，要逐个要求。当学生在练习过程中已经能够使身体挺拔起来，再要求学生把呼吸及身体的紧张与松弛贯彻到动作中来；这一要求完成后再要求第三项。这样能让学生的动作持续提高，同时心理也得到一定的满足感。

三、形体训练的种类

形体动作的内容繁多、性质各异，根据练习形式的不同可分为徒手练习和器械练习两种。

（一）徒手练习

徒手练习是掌握各类身体动作技术，发展身体素质，培养协调性、节奏感和身体姿态的主要训练手段。只有在正确、熟练掌握各种徒手动作的基础上，才能使持器械练习完成得准确、优美、自如。因此，徒手练习是形体训练的基础，尤其对初学者应特别予以重视。徒手练习包括手臂与腿的基本练习、基本步伐与舞步的练习、摆动与绕环的练习、躯干弯曲的练习、波浪练习、跳跃练习、转体练习、平衡练习、弹性与松弛练习等。这些练习可以朝各方向去完成，可以单个练习，也可以编成组合动作和成套动作进行练习。在形体徒手练习时，吸收了芭蕾的基本训练内容，如芭蕾中的把杆练习、中间的控制练习和跳跃练习，同时也吸收了现代舞和爵士舞中的一些基本练习和中国古典舞中的一些舞蹈技术动作和训练方法。

徒手练习是形体训练的基础，通过徒手练习可掌握各类身体动作培养专项身体素质，培养协调性、节奏感以及良好的身体姿态。只有正确、熟练地掌握各类徒手动作，才能使成套动作完成得更准确、优美、幅度大、质量高。所有的轻器械动作都要和身体动作紧密地糅合在一起，器械动作必须在同时完成一个身体动作或徒手动作时，才能塑造身体的形态和改善身体的姿态。

（二）持轻器械练习

徒手训练所使用的轻器械种类很多，除绳、圈、球、棒、带五种器械外，作为群众性表演及一般教学活动，还可以使用纱巾、旗、扇、手鼓、短棍等器械。除使用棒训练规定必须持两个器械进行练习外，其他项目在一般练习或表演时也可持双器械进行，如双球、双带、双扇、双旗等。无论运用何种器械，都应该充分表现出该种器械的特性，同时与身体动作达到协调一致的配合。

①绳：绳是轻快活泼的项目，绳的练习有助于发展弹跳力、速度、灵巧、协调力和耐力。由于绳子长而细软，要使绳在空中保持蛇形不变、图形好，并运用自如，必须掌握动作节奏和用力方法。

绳的基本练习内容包括摆动、绕环和八字绕、跳过绳、连续小跳和大跳过绳、抛接绳及缠解绳等。

②圈：圈在形体训练中属于幅度较大、变化较多的一种器械，它有助于培养灵活、快速、协调和准确性及勇敢果断的意志。

圈的基本练习内容包括摆动、绕环和"8"字绕、转动圈、翻转圈、旋转圈、抛接圈、在身上和地面上的滚动圈以及跳过圈和钻圈等。

③球：球是人们熟悉的器械。初学者常用球作为第一种器械练习。球的练习有助于发展灵活性、柔软性、协调性和准确性。

球的基本练习内容包括摆动、"8"字绕球、拍球、弹起球、在身体和地面上滚动球、抛接球和转动球等。

④棒：棒是唯一的两个器械的项目。由于它要求两臂同时、依次或相反方向地完成各种动作，对协调性和判断力的要求特别高，所以通过棒的练习有助于发展灵活性和协调性，以及培养勇敢顽强的意志品质。

棒的基本练习内容包括摆动、绕环、不同方向的小绕环和五花，同时或依次的、单棒或双棒的、同方向或反方向的、高或低的抛接棒，以及敲击棒等。

⑤带：带的练习给人以十分流畅和优美的感觉，可以培养动作的灵巧、优美和协调性。由于带长达 6m，又十分柔软，很易打结和缠身，所以掌握带的技术需要有很好的协调性。带的基本练习内容包括摆动、绕环、蛇形、螺形、"8"字形及抛接带等。

四、形体训练的功能

形体训练作为一个健身项目，在训练过程中既要达到强身健体的功效，又要达到塑造身体形态和改善身体姿态的目的，培养良好的站姿、走姿。所以它既有有氧健身操的锻炼价值，又不失舞蹈的柔美特色，使锻炼者在优美的音乐伴奏下，能够充分感受美、表现自我，以达到愉悦身心的目的。

（一）塑造形体美功能

"形体"分为姿态和体形。姿态是从平时的一举一动中表现出来的行为习惯，受后天因素的影响较大。而体形则是身体的外形，虽然体育锻炼可适当改善体形外貌，但相对来说遗传因素起着很大的作用。

良好的身体姿态是形成一个人气质风度的重要因素。形体练习的身体姿态要求与日常生活中良好姿态的要求基本一致，因此，通过长期的形体练习有益于肌肉、骨骼、关节的匀称与和谐发展，有利于改善不良的身体姿态，形成优美的体姿，从而在日常生活中表现出一种良好的气质与修养，给人以朝气蓬勃、健康向上的感觉。

（二）达到修饰和锻炼身体局部的作用

在分解教学中，可将成套动作进行分解细化，形成单个动作。单动作的练习，可充分体会参与这个动作的身体局部的感觉，从而既学会了动作，又体会到了这一身体部位的动作感觉，达到局部锻炼的目的。

（三）培养良好的气质风度，提高生活和工作质量

形体训练中包括许多种不同的走、跑、跳等动作，以及呼吸和身体的紧张与松弛的练习，身体局部的伸展练习等练习内容和方法，都是为了使学生更多地体会身体感觉。例如，在进行各种走的练习时，首先要体会站立时的身体位置，再通过各种走的练习，就会使学生的站姿和走姿更加优雅，生活和工作中，也就增添了一份美丽和自信。又如练习中注意动作的松弛，工作疲劳时，就可以利用一些放松动作来快速调整体力，提高学习和工作效率。

（四）使学生充分抒发美的感受

形体训练中每个人都有获得美和表现美的机会。学习单个动作过程，也就是带动学生来体会动作、体会美。每个人通过自己的感受来获得美，这个美是身心两方面同时获得的。当熟练掌握整段动作后，每个人通过自己的肢体语言来表达内心的感受，因为这个时候对动作已经掌握，可以把更多的精力转移到对音乐的理解上并表达自己的体会。

第五节　体育舞蹈形体教学的特点及要求

形体教学是教师按照教学计划的要求，向学生传授形体的知识、技术、技能以及发展学生的身体并对其进行思想教育的过程。在教学中必须遵循各项体育教学原则，并根据形体训练项目的特点，正确运用各种教学方法。

一、形体教学的特点

由于形体动作类型丰富多样，因此在教学中必须根据学生的具体情况（年龄、素质、技术水平等），恰当、合理地选择教材和运用教法，因人施教。教材内容一般应由易到难、由简渐繁；动作速度由慢到快；先学单动作再进行联合，练习较复杂

动作，应先分解教学再完整练习等。

在教学中应重视教师的自身表现和主导作用的发挥，这对学生获得形体动作美的直观感受有着重要作用。例如，教师情绪饱满的精神面貌、整洁合体的运动服装、优美舒展的动作示范、简练生动的要领讲解、准确清楚的节拍口令、及时的动作提示与纠正错误等，对激发学生学习兴趣、促进形体教学、顺利完成教学任务起着极为重要的作用。

应重视基本姿态的训练。正确的姿态是表现形体动作优美的关键，也是学生身体生长发育时期不可忽视的重要方面。因此，要注意让学生养成良好的身体姿势，逐渐塑造其健美的体形。在此基础上，应严格训练身体各部位的基本姿态，使其符合形体训练的要求，如膝盖、脚面的绷直，腿部的外开，收腹立腰的姿态控制，手形与手臂位置的准确，以及头部动作的配合等，都应做到形体动作的规范化。

应重视身体素质的训练。良好的素质条件是顺利完成形体训练各种技术动作的基础。因此，在全面提高身体素质的同时，应着重形体的专项素质训练，尤其是肩、胸、腰、腿的柔韧性及动作的灵敏性。

扶把练习是进行徒手动作教学与训练的主要辅助手段，可为掌握各类身体动作技术打下良好的基础。尤其对增强下肢的力量与开度，提高腰、背的控制力、动作平衡能力，以及培养各部位的正确姿态等有显著效果。因此，教学中应根据学生的实际情况，适当选择一些把杆的基本动作进行教学。所选内容应突出重点，讲究成效，不宜过繁。

当学生已掌握一定的徒手基础动作后，应恰当地进行持轻器械动作的教学。对初学者不宜同时进行多种器械项目，应有计划地逐项进行。教学时应重视熟悉器械的性能、正确掌握器械的握法和各种基本技术的训练，同时要加强左手运用器械的训练。当掌握器械技术后，应加强身体动作的协调配合。

在掌握若干单个动作的基础上，应重视并及时进行组合动作的教学。各类形体组合练习是培养学生协调性、韵律感、表现力以及巩固和提高所学各类动作技术的有效手段。所编选的组合动作应符合教学任务及学生水平，如对初学者应编排以巩固基本动作为主的、简短的、有规律的组合；对有一定技术基础的学生，则可使组合的内容、结构及长短等都有所变化，难度有所提高。进行组合动作教学时，一般先分节（分段）教学、逐节（逐段）连接，再完整练习。

教学中应充分利用音乐伴奏。所选配的音乐在性质、节奏、速度等方面要与所做的动作和谐一致，以利于培养学生的韵律感和激发其动作的表现力。无论单个动作还是成套练习，在初配音乐时，教师都可辅以节拍口令。

在教学中应重视对学生能力的培养。通过提问、相互观摩、评议及编排动作等组织手段，培养学生的讲解、示范、观察分析、纠正错误及编排组合动作等能力。

二、教学要求

（一）音乐的选择

首先选择学生所熟悉且非常喜欢的音乐，其次可变换使用不同风格的曲子，根据曲目的风格特点来创编相适应的动作，以达到调解课堂气氛的作用。

（二）动作的创编

根据不同风格的音乐来创编符合音乐特点的动作。动作的难易、连贯、变化，包括身体的位置、方向和节奏，以及参与动作的身体位置及动作难度的变化，都和音乐相呼应。

（三）动作的分解

让不同的学生都能跟上授课内容，是一件不容易的事情，所以就需要教师把教授的内容准备得非常充分。最重要的一点就是把所编排好的动作内容尽可能地细化分解成最简单的动作，先把脚下的步伐动作分解成最简单的步伐，再配合手臂动作，最后把身体动作加上。进行身体动作练习时可以从原地动作开始，新学的单个动作教学可以把节奏放慢，反复做几遍后用正常速度再做。学会 1 ~ 2 个动作就要和前面的动作连贯练习，使学生产生动作与动作之间前后有关系的感觉。连贯练习也要在慢节奏完成的情况下再用正常速度做。

三、教法特点

（一）语言引导与动作示范相结合

在形体训练中，学生首先是对动作进行模仿，知道教师要教的动作，所以说教学中的肢体语言比文字语言能够更有效、更准确、更快速地传递给学生，尤其是要把动作感觉传授给学生时，更要注意动作要充分、夸大、意图明显，再配合语言提示，学生就会很快理解教学要点。这时的语言提示一定要及时，这样学生就能很快跟上节拍。

（二）及时反馈

教学中，及时反馈是对学生的评价，以及动作是否正确到位等，这样做是很有必要的。第一，能增进教师与学生之间的交流；第二，学生能够及时知道自己动作的对错，以提高动作质量，增强自信。这个反馈，可以是语言、手势、眼神等，教师的表情和精神面貌会影响学生的情绪，所以教师上课时一定要精神饱满，学生才会被教师的情绪感染，进入最佳状态。

参考文献

[1] 王智慧，王国艳．体育科技与体育伦理辨析 [J]．体育文化导刊，2016（6）：146-148.

[2] 张朋，阿英嘎．科技与体育的对话:利弊述评 [J]．福建体育科技，2015，34（4）：1-3.

[3] 于涛．从哲学角度再认识身体对揭示体育本质的意义 [J]．上海体育学院学报，2008（3）：18-20.

[4] 张洪潭．体育的概念、术语、定义之解说立论 [J]．西安体育学院学报，2006（4）：1-6.

[5] 张庭华．走出体育语言：从语言学界的共识看媒体体育语言现象 [J]．体育文化导刊，2007（7）：50-53.

[6] 黄聚云．从哲学角度再认识身体对揭示体育本质的意义 [J]．2008（1）：1-8.

[7] 于涛．体育哲学研究 [M]．北京：北京体育大学出版社，2009.

[8] 董文秀．体育英语 [M]．北京：人民体育出版社，2009.

[9] 王春燕，潘绍伟．体育为何而存在：20 世纪 80 年代以来我国体育本质研究综述 [J]．体育文化导刊，2006（7）：46-48.

[10] 宋震昊．"体育"本体论（二）：体育概念批判 [J]．南京体育学院学报：社会科学版，2006（3）：1-6.

[11] 胡科，虞重干．真义体育的体育争议 [J]．南京体育学院学报：社会科学版，2010（4）：59-62.

[12] 张军献．寻找虚无上位概念：中国体育本质探索的症结 [J]．体育学刊，2010（2）：1-7.

[13] 崔颖波．"寻找虚无的上位概念"并不是我国体育概念研究的症结：与张军献博士商榷 [J]．体育学刊，2010（9）：1-4.

[14] 何维民，苏义民．"体育"概念的梳理及匡正 [J]．武汉体育学院学报，2011（3）：5-10.